Barcelona

Helmuth Bischoff

Inhalt

Das Beste zu Beginn
S. 4

Das ist Barcelona
S. 6

Barcelona in Zahlen
S. 8

Was ist wo?
S. 10

Augenblicke
Schauen Sie mal dahinter!
S. 12
Einfach umdrehen!
S. 14
Lecker Schnittchen
S. 16

Ihr Barcelona-Kompass
15 Wege zum direkten Eintauchen in die Stadt
S. 18

 Ein Fest für die Sinne – **der Boqueria-Markt**
S. 20

Das Gelbe vom Ei – **Barri Gòtic**
S. 25

 Historisches Herz – **von der Kathedrale zur Plaça Sant Jaume**
S. 30

 Die Stadt und das Meer – **alter Hafen, neue Strände**
S. 35

 Lebenskunst und Kunstleben – **im Born-Viertel**
S. 39

 Die Tonleiter hoch – **zum Palau de la Música Catalana**
S. 44

 Prinzip Überschwang – **Sagrada Família und Hospital de Sant Pau**
S. 48

Noch mehr Gaudí – **Jugendstil am Passeig de Gràcia**
S. 51

 Das Dorf in der Stadt – **Gràcia**
S. 56

 Schöner Scherbenhaufen – **Park Güell**
S. 59

 Aufgemöbelte Armut – **das Raval-Viertel**
S. 62

 Wundertüten der Nacht – **Sala Apolo & Co.**
S. 66

 Auf dem Zauberberg – **Highlights am Montjuïc**
S. 69

 Mirá Miró – **die Miró-Stiftung**
S. 74

 Kathedrale der Kicker – **Camp Nou**
S. 76

Barcelonas Museumslandschaft
S. 78

Renaixença – Kataloniens Wiedergeburt
S. 81

Pause. Einfach mal abschalten
S. 84

 In fremden Betten
S. 86

 Satt & glücklich
S. 90

 Stöbern & entdecken
S. 98

 Wenn die Nacht beginnt
S. 104

Hin & weg
S. 110

O-Ton Barcelona
S. 114

Register
S. 115

Abbildungsnachweis, Impressum
S. 119

Kennen Sie die?
S. 120

Das Beste zu Beginn

Raus aus dem Bett!
Frühes Aufstehen ist kein Allheilmittel gegen lange Warteschlangen vor dem Bus Turístic oder den Top-Museen, aber ein probates Mittel, in den Schlangen weit vorne zu stehen: Wer morgens um 9 Uhr da ist, hat hier gute Karten.

Bus statt Metro
Mit mobilem Navi-Gerät erreichen Sie Ihre Ziele auch gut mit Linienbussen, und Sie sehen mehr von der Stadt als mit der Metro. Vor allem am Wochenende, wenn weniger Autos unterwegs sind, nehme ich lieber den Bus. Für Metro und Bus gelten die gleichen Tickets, am günstigsten 10-er-Karten oder Mehrtagestickets.

Andere Rambles suchen
Die berühmten Rambles in der Altstadt sind nicht selten so übervölkert, dass Flanieren hier eher lästig als lustig ist. Stimmungsvolle Alternativen sind die fast schon dörflichen Rambla del Raval und die Rambla de Poblenou. Im Raval sehen Sie manchmal Hunde mit Schal und gepiercte Menschen, im Poblenou ältere Damen, die sich für ihren Rambla-Bummel mit Rüschenblusen schick machen.

Xurros und Xocolata
Dass Gesundheitsfanatiker den Kopf schütteln mögen, nehme ich in Barcelona gerne in Kauf. Sonst müsste ich auf die vielen leckeren tierischen Fette *(botifarra, chorizo!)* und das ganze Zuckerzeug verzichten. Mein Konsum an *xurros* etwa trägt fleißig dazu bei, dass die kleinen alten Frittierbuden (▶ S. 96) weiter existieren können.

Überblick behalten
Barcelona lässt sich einfach und spektakulär von oben betrachten: etwa von Aussichtspunkten an den Stadtbergen Montjuïc und Tibidabo, von innerstädtischen Türmen (Sagrada Família) und Dächern (La Pedrera). In die umliegende Bergwelt entführt Sie die Zugbahn Funicular de Montjuïc, die an der Metrostation Paral.lel startet (mit Metroticket).

Das Beste zu Beginn

Hotspots für Radfahrer
So komisch es für eine Großstadt, in der man Autos segnen lassen kann, klingt: Barcelona eignet sich vor allem im Zentrum zum Fahrradfahren. Enge Gassen, keine Steigungen, meist regenfrei. Hotspots sind die Strandpromenade nach Norden mit Abstechern nach Barceloneta und Poblenou, der Park Ciutadella sowie die benachbarten Stadtteile Born und Ribera.

Palau de la Música Catalana: so oder so
Stellen Sie sich eine Bonbonniere von 20 m Höhe und 40 m Länge vor. Vielleicht haben Sie dann ein Bild vor Augen, das der Gestalt des Palau de la Música Catalana nahekommt. Das ist opulenter katalanischer Jugendstil, ein Feuerwerk aus Farben, Formen und Material. Im Rahmen eines Konzerts am schönsten zu erleben, aber auch ohne Musik – während einer Führung – beeindruckend.

Auf die Plätze!
Vor allem im Barri Gòtic ist ein Platz schöner als der andere. Ob mit Café-Terrassen oder ohne, hier werden Sie gerne länger bleiben. Meine Hitliste: Plaça del Pi, Plaça del Rei, Plaça de Sant Felip Neri und Plaça Reial.

Vorfreude
Wenn Sie in Barcelona sind, achten Sie mal drauf, ob der Mercat de Sant Antoni mit seiner schönen Halle aus dem 19. Jh. nach Jahren der Restaurierung endlich wieder geöffnet hat (www.mercatdesantantoni.com).

Barcelona ist aufregend und spannend, oft aber auch überdreht und laut. Wenn es mir dann doch mal zu bunt wird, entspanne ich mich so: morgens um acht bei einem Strandspaziergang, um elf in der Kreuzgang-Bar des Convent de Sant Agustí im Stadtteil Born, abends in den Gärten des Montjuïc. Alles schöne Tankstellen für die Stille. Vollgetankt und gut gelaunt geht es wieder ins Getümmel.

Fragen? Erfahrungen? Ideen?
Ich freue mich auf Post.

Mein Postfach bei DuMont:
bischoff@dumontreise.de

Das ist Barcelona

Mit den Olympischen Sommerspielen 1992 stieg Barcelona endgültig wie Phönix aus der Asche. Die ›Asche‹, das waren 38 Jahre grauer Franquismus, in denen die Stadt auf Geheiß von oben der Verwahrlosung preisgegeben war. Der ›Phoenix‹ war eine Generation von jungen Demokraten und Kulturschaffenden, die Barcelona zu neuem Glanz verhalf. Zwischen 1985 und 1995 bekam die Stadt sauberes Meerwasser und einen 4 km langen Stadtstrand, viele Parks und Grünzonen, Gebäude und Stadtteile wurden saniert, unzählige neue Bars, Cafés, Restaurants, Museen und Theater eröffnet. Seit Mitte der 1990er-Jahre spielt Barcelona wieder mit im Konzert der attraktivsten europäischen Metropolen.

Stolze Hauptstadt

Allem voran ist Barcelona heute die Hauptstadt Kataloniens, Sitz der Landesregierung und Schauplatz von Großdemonstrationen, bei denen am Nationalfeiertag (11. September) seit Jahren jeweils mehr als eine Million Menschen die nationale Eigenständigkeit Kataloniens fordern. Im Herbst 2016 war dabei völlig unklar, wo die Reise in dieser wichtigen Frage hingeht: hin zu einem kleinen unabhängigen Splitterstaat außerhalb der EU oder hin zu einem weiteren Ausbau der regionalen Sonderrechte innerhalb des spanischen Staates? Antworten dazu stehen aus. Überall, wo sich Katalanen unterhalten, ist es zu hören: Die offizielle und nach dem Franquismus wiedereroberte Landessprache ist das *Català*. Als erste Sprache ist das Katalanische in den Schulen Unterrichtssprache. Spanisch *(Castellano)* wird in Katalonien allerdings akzeptiert und von viel gelesenen regionalen Tageszeitungen (z. B. »La Vanguardia«) gepflegt.

Selbstbewusst oder hochnäsig?

Achten Sie mal auf die Körperhaltung der Menschen in den Bussen und Bars, auf den Straßen und Plätzen Barcelonas. Unter den Einheimischen werden Sie kaum gebückte Menschen sehen. Brust raus, Kopf hoch – ›stolz wie die Spanier‹ eben, auch wenn es Katalanen sind. Einerseits ist es wohltuend, dieses Selbstbewusstsein zu erleben, weil sich damit Wachheit, Humor, Empathie und Genussfreude verbinden. Die Sache hat aber auch einen Haken. Wenn der nationalbewusste Katalane im Taxi den Fahrer, der vielleicht aus Andalusien stammt, ob dessen mangelhaften Català-Kenntnissen anmault, dann erlebe ich das Selbstbewusstsein als Hochnäsigkeit und Relikt der Feudalgesellschaft. Sehr gespannt bin ich auf die Reaktion der Katalanen zu einem Urteil des spanischen Verfassungsgerichts, das am 20. Oktober 2016 das 2010 in Kraft getretene Stierkampfverbot in der Region Katalonien als rechtswidrig annullierte.

Designstadt Barcelona

Stadtmobiliar, Einrichtungen in Museen und Konzertsälen, Auslagen der Mode- und Möbelshops lassen es erkennen: In Barcelona ist eine besondere Gestaltungskraft zu Hause. Was in den 1990er-Jahren als ›Diseny Barce-

Das ist Barcelona

Genießen Sie die prächtige Aussicht vom Park Güell über die Stadt zum Meer – morgens vor 8 Uhr sogar ohne Eintrittsgeld.

lonès‹ zur Marke wurde, hat seine Wurzeln in der Zeit des *Modernisme,* in der Gaudí und seine Kollegen nicht nur als famose Architekten, sondern als Allroundkünstler am Werk waren. Manchmal führt eine direkte familiäre Linie von diesen ›Jugendstil-Designern‹ zu den großen Gestaltern der Gegenwart. Ein Beispiel ist der 1940 geborene Architekt Lluís Domènech i Girbau. Als Urenkel des Modernisme-Architekten Lluís Domènech i Montaner gehört er zu jener Generation, die in den Jahren nach der Franco-Diktatur dazu beitrug, die heruntergekommene Stadt wieder vorzeigbar zu machen. Auch Oscar Tusquets, der für Alessi arbeitete und für einige Nobelrestaurants in Barcelona das Interieur entwarf, kann sich auf seine Abstammung von der Kreativszene des Modernisme berufen.

Was zu viel ist, ist zu viel!

Knapp 9 Millionen Touristen besuchen derzeit jährlich Barcelona. Dabei sind Hunderttausende an Kreuzfahrtgästen und Touristen aus Spanien noch gar nicht mit eingerechnet. Das mit dem Boom verbundene Plus an Einnahmen zeigt sich aber auch immer deutlicher als Minus an Lebensqualität für die Einwohner. 50 000 Busse sollen es sein, die jährlich gut gefüllt mit Touristen an der Sagrada Família vorfahren. Viele Strandtouristen strömen in Badehosen oder Bikini in die Supermärkte des strandnahen Stadtviertels Barceloneta. Bäckereien und kleine Lebensmittelläden, die der Versorgung dienen, werden durch Boutiquen oder Fußball-Fanartikelshops ersetzt. Ada Colau, die 2015 als Kopf der außerparlamentarischen Opposition zur neuen Bürgermeisterin von Barcelona gewählt wurde, versprach den Barcelonesen, die Stadt für ihre Bürger zurückzuerobern. Zu ihren ersten Amtshandlungen gehörte ein Moratorium für den Hotelbau.

Barcelona in Zahlen

0034-93
lautet die Landesvorwahl von Spanien mit Festnetzvorwahl für Barcelona.

2,5
Millionen Passagiere von Kreuzfahrtschiffen haben 2014 Barcelona besucht, ein europäischer Spitzenwert.

3,2
Millionen Einwohner lebten 2015 im Großraum Barcelona, 1,6 Mio. im Stadt- und Verwaltungsgebiet.

4,50
Euro kostet die ca. 40-minütige Fahrt mit der Metro vom Flughafen ins Stadtzentrum.

16,4
Millionen Übernachtungen wurden in Barcelona 2014 registriert, mehr als dreimal so viel wie 1994.

20
Grad beträgt die durchschnittliche Meerwassertemperatur vor Barcelonas Haustür.

26,5
Prozent des spanischen Kreditkartenumsatzes werden in Barcelona getätigt; mehr als überall sonst im Land.

37,5
Millionen Passagiere zählte der Flughafen El Prat 2014, der damit in Europa an 9. Position stand.

78
Rolltreppen gibt es in Barcelona im Freien, vor allem in den bergigen Bezirken Montjuïc, Carmel, Horta und Sarrià.

130
Hektar Fußgänger- und Flanierzonen weist Barcelona auf, eine Fläche so groß wie 260 Fußballfelder.

134
Jahre wartet die Sagrada Família auf ihre Vollendung. Zum Vergleich: Die Pyramiden in Ägypten wurden in 20 Jahren gebaut.

200
Verkehrsampeln wurden schon in den 1960er-Jahren an den Kreuzungen der innerstädtischen Plaça Urquinaona gezählt. Wie viele es wohl heute sind?

200
Kilometer Radwege sind in Barcelona ausgewiesen. Das ist deutlich weniger als in Berlin (1000 km), trotzdem macht Radfahren in Barcelona Spaß.

3500
Menschen pro Stunde machten die Portal de l'Angel 2014 zur meistbelaufenen Straße Spaniens.

140 000
Mitglieder gehörten 2016 dem FC Barcelona an, mehr haben nur der FC Bayern München (284 000) und Benfica Lissabon (157 000).

155 000
Bäume stehen in der Stadt, die meisten wurden am Montjuïc aufgezogen.

9
Baudenkmale Barcelonas führt die UNESCO-Liste des Weltkulturerbes auf.

Was ist wo?

Aus der Vogelperspektive und vom Hafen aus betrachtet, lässt sich Barcelonas Zentrum mit einem Schmetterling vergleichen. Die Rambles bilden den Rumpf. Die Viertel Raval, Sant Antoni und Poble Sec stellen die linken Vorder- und Hinterflügel, das Barri Gòtic, die Viertel Born und Ribera die rechten Flügel dar. Die Körperfläche dieses Schmetterlings prägen unzählige Gassen. Als Durchfahrts- und Begrenzungsstraßen dienen die Via Laietana auf der rechten Seite und die Avinguda del Paral.lel am Raval-Viertel. Die Innenstadt schließen im Süden der Stadtberg Montjuïc, im Westen die Collserola-Berge und im Norden der Riu Besòs ab.

Barri Gòtic und Ciutat Vella

Die schönste Einstimmung auf die Stadt bietet ein Bummel durch die Gassen des **Gotischen Viertels** (Karte 2, B/C 1–3). Im historischen Zentrum von Barcelona vermitteln alte Gemäuer, kleine Gassen und intime Plätze ein Gefühl von Überschaubarkeit und Ruhe. Mit der Kathedrale, dem jüdischen Viertel, mittelalterlichen Palästen und Patios, kleinen Antiquitätengeschäften und Bars, dem politischen Zentrum der **Plaça Sant Jaume** sowie der **Plaça del Rei** als Herzstück lassen sich hier zugleich viele historische Wurzeln der Stadt entdecken. Nicht umsonst sprechen die Bewohner vom *rovell de l'ou,* dem ›Gelben vom Ei‹, wenn sie ihr Gotisches Viertel beschreiben. Weiter unten zeigt die Gassenwelt der **Ciutat Vella** (Karte 2, B/C 3–5), wie nah in der katalanischen Metropole die Gegensätze beieinanderliegen können: Trotz der Sanierungen der jüngeren Jahre herrscht in vielen Häusern sichtbare Armut. Sie schwappt auch auf die **Plaça Reial** über, die das gehobene Bürgertum Mitte des 19. Jh. für sich anlegen ließ.

La Ribera

Das erst im 14. Jh. in die Stadt einbezogene Viertel (Karte 2, D/E 2–5) schließt sich jenseits der großen Durchfahrtsstraße Via Laietana an das Gotische Viertel an. Handwerker und Händler waren in diesem Teil der Stadt lange zu Hause und haben prachtvolle Paläste hinterlassen, am dichtesten reihen sie sich in der kleinen ›Picasso-Straße‹ **Carrer Montcada** aneinander. Unterhalb der Carrer de la Princesa hat der Volksmund das Viertel in **Born** umgetauft, eine Referenz an die große historische Markthalle gleichen Namens. Tagsüber macht es sich mit dem **Palau de la Música Catalana,** dem **Museu Picasso,** der Kirche **Santa Maria**

Einen Barcelona-Besuch sollten Sie keinesfalls auf das Zentrum und das Eixample beschränken. **Gràcia** steckt voller Überraschungen, **Barceloneta** atmet Seeluft und Schnaps, in **Poblenou** sind aus Industriehallen Ateliers geworden. Fahren Sie am Abend mal an die **Plaça de la Concòrdia** mit dem schönen Fragments Café. Sie werden ob der Dörflichkeit in der Weltstadt berührt und begeistert sein.

del Mar, Kunstgalerien, Mode- und Feinkostgeschäften sowie gemütlichen Cafés ebenso interessant, abends durch seine Vielzahl an Bars und Restaurants.

El Raval

Die berühmten Rambles trennen die Altstadt vom Raval (E 5–7), wo im Rücken der **Drassanes,** der mittelalterlichen Werften, einst Klöster, Krankenhäuser, Schulen und Armenhäuser das Bild bestimmten. Im 19. Jh. entwickelte sich hier eine Melange aus Amüsiermeile (Paral.lel) und Elendsviertel. Der beeindruckende Richard-Meier-Bau des **Museu Nacional d'Art Contemporani** wirkte in den 1990er-Jahren auf El Raval wie ein Impulsgeber zum Aufbruch in eine bessere Zukunft.

Montjuïc

Der Montjuïc (A–D 5–7) ist eine Art ›Zauberberg‹ und für viele Bewohner der Stadt beliebtes Ziel für Sonntagsausflüge. Kulturinteressierte finden hier großartige Museen und Sammlungen, allen voran die **Miró-Stiftung,** den **Nationalpalast** und das Ausstellungsgebäude **CaixaForum.** Naturliebhaber können sich an Großgärten sattsehen, Sportfans sind mit Rädern, joggend oder mit Schwimmsachen unterwegs.

Alter Stadthafen und neue Strände

Am alten **Stadthafen** (F/G 7) haben ein Großaquarium und ein mäßig attraktives Shoppingcenter ihren Platz. Größere Zustimmung verdient und finden das vormalige Fischerviertel **Barceloneta** (F–H 7/8) und die **Strandzone,** die kilometerweit in den Norden reicht.

Eixample und Gràcia

Der Begriff Eixample bedeutet ›Erweiterung‹ und weist auf den Ursprung des Viertels hin: Im 19. und beginnenden 20. Jh. wuchs die Oberstadt von Barcelona durch die Errichtung zahlreicher Prachtbauten des Modernisme über ihre Grenzen hinaus. Sie geht heute nahtlos in den ehemals eigenständigen Stadtteil Gràcia (C–H 1–4) über. Zu den Highlights gehören die **Sagrada Família** und der **Park Güell.**

Augenblicke

Schauen Sie mal dahinter!

Nicht nur wie hier bei Gaudís Casa Batlló lohnt ein Blick hinter die Fassaden. Allerorts warten Patios, Innenhofcafés, romantische Kreuzgänge, gemütliche Stuben und prachtvolle Säle darauf, von Ihnen entdeckt zu werden – alles von außen nicht zu sehen und kaum zu erwarten. Riskieren Sie auch Blicke von oben nach unten: Die Hausberge Montjuïc und Tibidabo, aber auch die innerstädtischen Türme und Dächer bieten imposante Aussichtspunkte.

Einfach umdrehen!

Über Jahrhunderte lebte Barcelona mit dem Rücken zum Meer. Schwimmen sollten die Fische und Schiffe, nicht der Mensch, Sonnenbaden war nicht. Außerdem galt das Meer als großes Auffangbecken für Industrieabwässer. Das änderte sich mit den Olympischen Sommerspielen von 1992: vier Kilometer neuer Stadtstrand, sauberes Wasser, Beachpartys von morgens bis abends. Nach dieser Kehrtwende lebt Barcelona mit dem Gesicht zum Meer.

Lecker Schnittchen

Nachdem meine Mutter 1978 bei ihrem ersten Barcelona-Besuch Tapas kennengelernt hatte, war es für sie die Stadt mit den »lecker Schnittchen«. Und auch die Barcelonesen lieben sie, wie in den unzähligen Tapas-Bars klar wird: ›Tapear con amigos‹ ist frei übersetzt ein ›Kneipenbummel mit Freunden, bei dem es nicht nur ums Trinken geht‹.

Ihr Barcelona-Kompass

15 Wege zum direkten Eintauchen in die Stadt

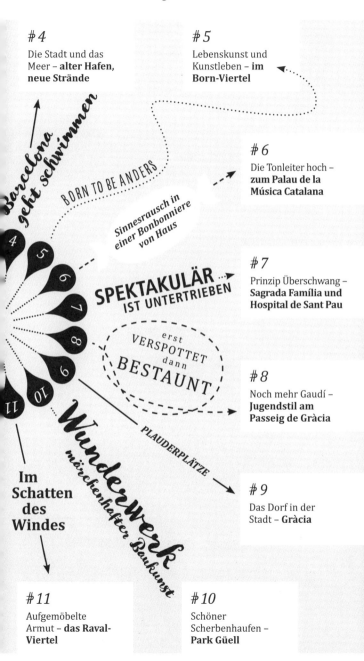

#1

Ein Fest für die Sinne – **der Boqueria-Markt**

Acht von zehn Barcelona-Besuchern zählen die Boqueria-Markthalle an den Rambles zu den Highlights der Stadt. Oft als der Welt schönster Viktualienmarkt prämiert, überbordend an Auslagen mit Früchten, Gemüse, Käse, Fisch und Fleisch, tolle Tapas, zeigt sich die Boqueria um die Mittagszeit auch leider überbordend an Touristen. Kommen Sie also besser gegen neun und bringen Sie Frühstückshunger mit.

Im Boqueria-Markt wird viel fotografiert, viel probiert, viel bestaunt – und viel geklaut. Also bei aller Begeisterung den eigenen Rucksack und die Tasche nicht außer Acht lassen!

Als süßes Entree zum Besuch der Markthalle reicht ein Blick auf die Auslage der **Pastelería Escribà** an den Rambles gleich neben dem Markt in Richtung Hafen. Sie erkennen die Traditionskonditorei schnell an der bunten Jugendstilfassade der Antigua Casa Figueras. Sie umrahmt das Naschwerk von Antoni Escribà, einem mehrmaligen Patisserie-Champion der Stadt. Er hat diesen Titel mit

Kreationen wie *rambla* (Biskuit-Schokolade-Trüffel) gewonnen und mit dem Xiringuito Escribà (▶ S. 38) in der Nähe des Olympiahafens ein Strandrestaurant (Paella!) eröffnet.

Ob ›Sant Josep‹ oder ›Boqueria‹ ist eigentlich wurscht

Das große Emblem an der aufwendig gestalteten Fassade hat beide Namen des **Marktes** 1 aufgenommen. ›Sant Josep‹ hieß schon das Karmeliterkloster, das bis 1835 hier stand. Und ›La Boqueria‹ war der Name eines nahen Stadttores, an dem schon im 13. Jh. Verkaufsstände mit Fleisch aufgestellt gewesen sein sollen. Der mit dem Fleisch verbundene Name hat sich schließlich durchgesetzt. Interessanter als der Name ist das Bauwerk, das heute mehr als 300 Marktständen ein Dach über dem Kopf gibt. Es wurde 1914 fertiggestellt und gehört mit seinem filigranen Eisengewölbe zu den vielen Konstruktionen, die heute noch auf die Gründerzeit in Barcelona hinweisen. Es ist ein ästhetischer Genuss, wenn man den Eisenverarbeitungen aus dem späten 19. und frühen 20. Jh. etwas Aufmerksamkeit schenkt. So auch beim Mercat del Born von 1878, heute ein großes Zentrum für Kultur und Archäologie, der Kolumbussäule, den Metro-Eingängen, Brunnen, Bänken und Laternen in der Altstadt.

Das Lächeln des Marktes

Als Autor komme ich regelmäßig für meine Recherche nach Barcelona. In den letzten Jahren bin ich hier meist mit dem Fahrrad unterwegs, weil man so in jede kleine Gasse kommt und überall kurz anhalten kann. Zu meinen angenehmsten Pflichten gehört es, nachzusehen, wie es Juanito (Joan Bayén) geht. Im Februar 2016 wurde der stadtbekannte Besitzer des Tapa-Standes **Pinotxo** 1 (Stand 466) mit einem Ehrenpreis der Stadt dafür bedacht, dass er seinen Gästen seit 75 Jahren leckere Kleinigkeiten anbietet und großen Köchen verrät, an welchen Marktständen es die besten Tagesangebote gibt. Den Tag seiner Geburt schildert er so: »Ich wurde irgendwann vor mehr als 80 Jahren geboren. Es war morgens um vier. Dann habe ich mich auf den Weg gemacht, um meine Bude in der Boqueria pünktlich um 6 Uhr aufmachen zu können.« Solche Sprüche und ein gewinnendes

▶ **LESESTOFF**

Die Barcelona-Kultkrimis von Manuel Vázquez Montalbán mit dem Gourmet-Kommissar **Pepe Carvalho** sind auch ins Deutsche übersetzt worden: **Carvalho und die Meere des Südens,** der 3. von 24 Romanen aus der Serie, wurde für das Verweben von Lebenskunst (hier: Essen, Trinken, Kochen), sozialer Empathie und guter Schreibe mehrfach preisgekrönt. **Carvalho und die olympische Sabotage** ist eine ebenso böse wie wahre Groteske, die zeigt, welch menschlichen Unrat eine Olympiade in die Austragungsorte spülen kann (erschienen bei Piper, München, und Wagenbach, Berlin).

Wenn Sie beim Bummel über den Markt eine Kleinigkeit essen und trinken möchten, sollten Sie dazu die Angebote an den Marktständen wahrnehmen. Abzuraten ist von den oft übertreuerten Lokalen am Rand des Marktes. Sie verlangen für ein Bier oder eine Limonade oft bis zu 8 €.

#1 Boqueria-Markt

Lächeln haben Juanito bis ins Fernsehen gebracht. Als absolute Sternstunde seines schon recht langen Lebens beschreibt er den 25. Juli 1992. An diesem Tag durfte er anlässlich der Sommerspiele in Barcelona die Fackel mit dem Olympischen Feuer von der Kolumbus-Säule aus über die Rambles bis zur Plaça de Catalunya tragen. Zu dieser Erzählung serviert er außer einer Träne im Knopfloch einen *tallat* (Espresso mit einem Schuss Milch).

Märkte und Friedhöfe erzählen die Geschichte der Stadt

Der Boqueria-Markt hat mit seinen schillernden Farben, Gerüchen und Geschmäckern in nahezu allen zeitgenössischen Barcelona-Romanen einen festen Platz. **Manuel Vázquez Montalbán** (1939–2003) ließ seinen Detektiv Pepe Carvalho, der genauso gerne kochte wie sein Erfinder, häufiger an den Fisch- und Fleischständen der großen Halle auftauchen als an allen anderen Handlungsorten. Wegen seiner Unbeugsamkeit saß der Kommunist Vázquez Montalbán in den

INFOS & ÖFFNUNGSZEITEN
Rambles 91, Mo–Sa 8–20 Uhr

KULINARISCHES FÜR ZWISCHENDRIN UND SCHINKEN BIS ZUM ABWINKEN
Pastelería Escribà 🛈: Rambla de les Flors, T 933 01 60 27, tgl. 9–22 Uhr. Außer bei **Pinotxo** ❶ (Stand 466) gibt es etwa auch bei **Quim de la Boqueria** ❷ (Stand 606) köstliche Tapas. Um Schinken dreht sich alles bei **Can Vila** 🛈 (Stand 162), **Marcos** 🛈 (Stand 886) und außerhalb der Markthalle bei **Jamón Experience** ❸, Rambla de les Flors, 88, www.jamonexperience.com, tgl. 10–22, Sa bis 23 Uhr.

KOCHKURSE
Die Marktleitung bietet Kochkurse an (www.bcnkitchen.com/en, z. B. »Tapas und Vorspeisen«, 50 €/Pers.). Bei anderen Angeboten kaufen die Kursteilnehmer in der Boqueria gemeinsam alle Zutaten ein, die dann in unweit gelegenen Küchen zubereitet werden (z. B. www.getyourguide.de, Paella-Kurs 32 €).

Cityplan: Karte 2, A 1/2 | **Metro:** Liceu

Boqueria-Markt #1

Wo soll ich nur anfangen? Das Angebot in der Boqueria ist so prall und betörend, da geraten einem die Sinne leicht durcheinander.

Jahren der Franco-Diktatur übrigens mehrfach im Gefängnis, wegen seiner Vorliebe für gutes Essen saß er bis zu seinem Lebensende öfter im marktnahen Stubenrestaurant Casa Leopoldo (Carrer Sant Rafael, 24). Schade, dass der aufrechte Genießer und das Restaurant nicht mehr da sind. Ein kleiner Platz im Raval-Viertel, ganz nah am ehemaligen Standort der Casa Leopoldo, wurde posthum nach Vázquez Montalbán benannt – eine schöne Geste.

Für **Josep M. de Sagarra,** einen anderen Literaten aus Barcelona, sind es vor allem Märkte und Friedhöfe, die dem Fremden den Charakter einer Stadt erschließen. Die opulenten Auslagen zeigen, was hier angebaut, gekocht und gegessen wird. Das Geschnatter an den Ständen und das Geschirrgeklapper an den Bars im Markt zeugen vom Temperament der Katalanen. Kleidung und Körpersprache vor den Ständen mit Hummern und Austern sind anders als dort, wo Bohnen und Kartoffeln verkauft werden. Und man erkennt auch schnell die jeweils aktuellen Trends: An den Tapa-Ständen wird mehr Gemüsiges verkauft als vor zehn Jahren, bei den Nicht-Vegetariern stehen derzeit edle und edelste Schinkensorten hoch im

Haben Sie Lust, sich andere **Stadtteilmärkte** anzusehen? Reizvoll sind vor allem die Märkte La Llibertat (Gràcia), Sant Antoni (seine Restaurierung soll im Herbst 2017 abgeschlossen sein), La Barceloneta und Santa Caterina (www.mercatsbcn.com).

#1 Boqueria-Markt

Man sagt es so einfach dahin: ›Tomate‹. An den Ständen der Boqueria wird ein Füllhorn von Sorten ausgeschüttet, die oft exotische Namen tragen. Schon mal ›Stierhoden‹ probiert?

Kurs – genussvoll zu erleben beim Schinkenstand **Can Vila** (Stand 162) oder bei **Marcos** (Stand 886). In den Schinkenboutiquen, die es in der Stadt seit ein paar Jahren gibt, kostet dieses Vergnügen auch nicht weniger.

Was steht auf einem katalanischen Einkaufszettel?

Beim Bummel entlang der Stände lässt sich gut beobachten, was in katalanischen Einkaufskörbe und später in die Kochtöpfe kommt. Oft sind es dicke Bohnen, Schweineschmalz und eine typische Wurst, die man für die Zubereitung des Nationalgerichts *mongetes amb botifarra* braucht. In der Halle gibt es auch das nötige Gemüse, die Kartoffeln und das Fleisch für den populären Eintopf *escudella i carn d'olla*. Etwas tiefer in ihre Taschen greifen die Hausfrauen, wenn sie Languste und Huhn kaufen, um *llagosta amb pollastre* zuzubereiten. Für die dazu passende Sauce, den *suquet,* benötigen sie jedoch zahlreiche Zutaten. Zu den Tomaten, der Grundsubstanz, kommen Zimt, Safran, Pfeffer, provenzalische Kräuter und etwas Kakao. Wer eine *picada* machen will, hat Knoblauch, gehackte Mandeln und Petersilie auf seinem Einkaufszettel stehen. Diese Sauce passt bestens zum *llobarro* (Wolfsbarsch) vom Nachbarstand. Sehen Sie in einer Einkaufstasche Tomaten, Auberginen und Kürbisse vereint, dann gibt es an diesem Tag eine *samfaina,* eine katalanische Sauce, die in der Regel gebratenes Fleisch begleitet.

Hier läuft einem das Wasser im Mund zusammen: La Boqueria

→ UM DIE ECKE

Gegenüber vom Haupteingang des Marktes lockt mit **Jamón Experience** das nach eigenen Worten »größte Schinkengeschäft der Welt«. Und ein paar Meter weiter Richtung Hafen hat sich **Joan Miró** 1976 auf den Rambles mit einem großen **Straßenmosaik** verewigt.

Das Gelbe vom Ei – **Barri Gòtic**

 # 2

Die Barcelonesen beschreiben das historische Zentrum ihrer Stadt als ›rovell de l'ou‹. Hier atmet die Geschichte, hier verlässt man die Moderne und gibt sich einem Lustwandel durch dickes Gemäuer, enge Gassen, palmenbestandene Innenhöfe, Klosterläden und Antiquitätengeschäfte und dem Duft überall zischender Kaffeemaschinen hin. Immer wieder bieten sich kleine und große Stadtplätze als Pausenplätze an. Sie sind eingeladen, Ihren persönlichen Lieblingsplatz zu entdecken.

Einige Schritte unterhalb des Opernhauses Liceu schottet eine kleine Passage die **Plaça Reial** 1 vom Tumult der Rambles wohltuend ab. Die Plaça Reial entstand 1848 nach dem Vorbild napoleonischer Stadtplätze dort, wo in der ersten Hälfte

Auf der Plaça Reial wurde in den 1980er-Jahren alles gedealt, was nicht niet- und nagelfest war. Inzwischen geht es hier – meist – gesittet zu.

#2 Barri Gòtic

Einige schöne Innenstadtplätze in Barcelona verdanken ihre Existenz abgerissenen Klöstern (Plaça Reial) bzw. aufgegebenen Kirchhöfen (Plaça del Pi). Man könnte sagen, dass man auf den Plätzen heutzutage schöner sitzt, als man ehedem dort lag.

Es gehört zum Ehrgeiz aller Innenstadt-Bars, gut gemessene Mojitos zu annehmbaren Preisen anzubieten. Auch am Strand von Barceloneta werden Sie im Sommer immer wieder den Ruf hören: »Mojitos, fresh Mojitos!«.

des 19. Jh. ein Kapuzinerkloster niedergebrannt war. Arkadencafés, die Bepflanzung mit großen Palmen und die Ausstattung mit Brunnen und Laternen (die von Gaudí gearbeitet wurden) – all dies traf den Geschmack des Großbürgertums, das im 19. Jh. auch die Rambles für sich entdeckte. Als ich den Platz in den späten 1970er-Jahren erstmals sah, blätterte hier der Putz von schmutzigen Fassaden, und alles wirkte verwahrlost. Es gab Schuhputzer, Drogenhändler und Zigeunerkinder, Billigpensionen mit versifften Betten. Von Großbürgertum keine Spur. Aber die Totalrenovierung 1981–83 machte die Plaça Reial wieder zu einem großen Freiluftsalon. Aus schmuddeligen Bars wurden beliebte Terrassenrestaurants wie das **Quinze Nits** ❶. Abends trifft man sich hier im Jazzclub **Jamboree** ✹ oder in den Discos **Karma** ✹ und **Sidecar** ✹. Die Kulturstiftung **Setba** ❷ organisiert interessante Ausstellungen zu aktuellen Kulturthemen in einer umgewidmeten Wohnetage. Ein paar Meter vom Ostausgang entfernt erkennen Sie an der Straßenecke Escudellers/Nou de Sant Francesc das Traditionsrestaurant **Los Caracoles** ❷ leicht an einem alten, in die Fassade einbezogenen Straßengrill.

Ein Raritätenkabinett – der Weg zum Jüdischen Viertel

Die Passage Carrer del Vidre führt von der Plaça Reial zur Carrer Ferran, der Hauptstraße des mittelalterlichen Barcelona. In der Passage erinnert die **Herboristeria del Rei** 🛈 an alte Zeiten. Das Kräuterlädchen feiert 2018 sein 200-jähriges Bestehen und darf seit 1860 als ›Königlicher Hoflieferant‹ firmieren. In den alten Holzregalen finden sich alle möglichen Kräuter, Tees und Naturprodukte. Der kleine Brunnen im Laden war einmal ein Pool für medizinische Blutegel. Dass der Laden oft nur nachmittags öffnet, ist dem hohen Alter der Besitzer geschuldet.

Mehr der Gegenwart zugewandt ist die Bar **Schilling** ✹ in der Carrer Ferran 23. Die angenehme Mischung aus Tages- und Abendcafé hat den Ruf, einen der besten Mojitos der Stadt zu servieren. Von da aus führt die kleine Gasse d'en Rauric zur Boqueria-Straße, wo bei der Hausnummer 30 mit dem Laden **Kokua** 🛈 eine Großauswahl an Ballerina-Schuhen viele Kundinnen anlockt.

Barri Gòtic #2

INFOS/ÖFFNUNGSZEITEN

Setba 2: Plaça Reial, 10, T 934 81 36 96, www.fundaciosetba.org, Mo–Fr 10–14, 16–20 Uhr, 2 €
MUHBA El Call 3: Placeta de Manuel Ribé, s/n, T 932 56 21 00, museuhistoria.bcn.cat, Mo, Mi, Fr 11–14, Sa/So 11–19 Uhr, Eintritt 2,20 €, erm. 1,54 €
Sinagoga Major 4: C/ Marlet, 5, Mo–Fr 11–17.30, Sa/So 11–14.30 Uhr, Eintritt inkl. Führung 2,50 €
Zentrum für katalanisches Kunsthandwerk 5: C/ Banys Nous, 11, www.artesania-catalunya.com
Basílica de Santa Maria del Pi 6: Plaça del Pi, 7, tgl. 10–18 Uhr, Termine der Gitarrenkonzerte auf der Homepage der Tourist-Information, ▶ S. 111
Parròquia de Santa Anna 8: C/ de Santa Anna, www.parroquiasantaanna.org, tgl. 11–14, 16–19 Uhr

---

KULINARISCHES FÜR ZWISCHENDRIN

Quinze Nits 1: Plaça Reial, 6, T 933 173 075, www.lesquinzenits.com, tgl. 12.30–23.30 Uhr, Reservieren ist nicht möglich, Hauptgerichte ab 10 €
Los Caracoles 2: C/ dels Escudellers, 14, T 933 01 20 41, www.loscaracoles.es, tgl. 13.15–24 Uhr, Hauptgerichte ab 10 €
Caelum 3: C/ Palla, 8, T 933 02 69 93, www.caelumbarcelona.com, Mo–Do 10.30–20.30, Fr/Sa 10.30–23, So 10.30–21 Uhr
Dulcinea 4: C/ de Petritxol, 2, T 933 02 68 24, http://granjadulcinea.com, tgl. 9–13, 17–21 Uhr
La Pallaresa 5: C/ de Petritxol, 11, T 933 02 20 36, tgl. 9–13, 16–21 Uhr

---

SHOP 'N' CHILL

Herboristeria del Rei 1: Passage C/ del Vidre, 1, www.herboristeriadelrei.com, Di–Do 14.30–20.30, Fr/Sa 10.30–20.30 Uhr, So/Mo geschl.
Kokua 2: C/ Boqueria, 30, tgl. 10–20.30 Uhr
Sombrereria Obach 3: C/ del Call, 2, T 933 18 40 94, sombrereriaobach.es, Mo–Fr 10–14, 16–20, Sa 10–14, 16.30–20 Uhr, Aug./Sept. Sa nachmittags geschl.
Sala Parés 4: C/ de Petritxol, 5, T 933 18 70 20, salapares.com, Di–Fr 10–14, 16–20, Sa 16.30–20.30, So (Okt.–Juni) 11.30–14 Uhr
El Mercadillo 5: C/ de la Portaferrissa, 17, T 933 01 89 13, tgl. 11–21 Uhr
Tienda de Flamenco Flora Albaicín 6: C/ Canuda, 3, T 933 02 10 35, www.tiendaflamenco.com, Mo–Sa 10–13.30, 17–20 Uhr; Flamencokurse unter www.flora-albaicin.com
Jamboree 1: Plaça Reial, 17, T 933 04 12 10, Jazzsessions ab 20 Uhr, Disco ab Mitternacht
Karma 2: Plaça Reial, 10, T 933 02 56 80, www.karmadisco.com, Di–Sa 12–5, So bis 6 Uhr
Sidecar 3: Plaça Reial, 7, www.sidecarfactoryclub.com, Mo–Sa 19–5/6 Uhr
Schilling 4: C/ Ferran 23, T 618 81 25 90, www.cafeschilling.com

Cityplan: Karte 2, A/B 2–4 | **Metro**: Liceu

#2 Barri Gòtic

Oft muss man Straßenmusik als verbrämtes Betteln erdulden. Nicht so im Barri Gòtic in Barcelona, wo zumeist gute Musiker die Atmosphäre bereichern.

Die Carrer Boqueria mündet in die Carrer del Call und damit in das ehemalige Jüdische Viertel der Stadt. Als Bestätigung, auf dem richtigen Weg zu sein, können Sie das fast 100 Jahre alte Hutgeschäft **Sombrereria Obach** 2 sehen. Der Straßenname ›Call‹ bezeichnete im Mittelalter ein ganzes Stadtviertel, das von den Gassen Call, Banys Nous, Sant Sever und Sant Honorat umschlossen war: das Jüdische Viertel. Das 2015 eröffnete Dokumentationszentrum **MUHBA El Call** 3 erläutert diesen Aspekt der Stadtgeschichte durch Exponate, Pläne und Schriften. Die im 13. Jh. blühende kleine jüdische Gemeinde wurde Ende des 14. Jh. in der Folge einer heftigen Pogromstimmung vernichtet. Eines der wenigen sichtbaren Zeichen der jüdischen Vergangenheit in Barcelona ist heute die **Sinagoga Major** 4.

Kaffee, Kakao, Konzerte und Kirchen

Ich finde es immer wieder schön, kreuz und quer durch die alten Gassen bis hinauf zur Plaça de Catalunya zu schlendern. Und jedes Mal schaue ich, ob das **Zentrum für katalanisches Kunsthandwerk** 5 mit seinen sehenswerten Ausstellungen und hübschen Verkaufsartikeln noch da ist. Ich lasse es mir auch nur selten nehmen, kurz auf einen Kaffee im gemütlichen Gewölbekeller des **Caelum** 6 zu verschwinden. Dieses Laden-Café verkauft in Klöstern hergestellte Produkte und ist

Barri Gòtic #2

so eingerichtet, wie sich Kinder ihre Kaufläden erträumen.

Von dort aus ist es nur ein Katzensprung zur **Plaça del Pi**, zusammen mit seinem Nachbarplatz Sant Josep Oriol ein schöner Ort zum Verweilen. Wo man heute am Terrassentisch etwas ausruht, legte man sich früher zur ewigen Ruhe nieder, denn hier war der Kirchhof der **Basílica de Santa Maria del Pi** 6. In dieser Kirche finden regelmäßig Gitarrenkonzerte statt. Die Petritxol-Gasse führt von der Plaça del Pi zur Carrer de la Portaferrissa. Die **Sala Parés** 4 stellte als erste Kunsthandlung 1901 Picasso aus und genießt wegen ihrer großen Sammlung spanischer Malerei des 19. und 20. Jh. einen hervorragenden Ruf. Ebenfalls seit Generationen als ›gute Stuben‹ hoch geschätzt sind die beiden Granjas **Dulcinea** 4 und **La Pallaresa** 5. Laden Sie sich ein auf eine *crema catalana* oder eine *xocolata amb xurros*. Letztere Spezialität ist ein frittiertes Gebäck, das heiß und in dickflüssigen Kakao getunkt genossen wird.

Woher der Name ›Portaferrissa‹ kommt, zeigt das große **Brunnen-Wandmosaik** 7 an der Straßenmündung der Carrer Portaferrissa zu den Rambles: Hier stand bis ins 18. Jh. eine Stadtmauer mit Eisentor. Das Kamel vor dem Haus Nr. 17 funktioniert als Lockvogel des Jugendmode-Kaufhauses **El Mercadillo** 5. In der ersten Etage gibt es dort eine hübsche Innenhof-Bar/Cafeteria.

Eine Straße weiter oben hat in der **Tienda de Flamenco Flora Albaicín** 6 die Tänzerin Flora Albaicín alles im Angebot, was zum Bühnenauftritt des Flamenco dazugehört, und führt in den Sommermonaten auch Flamenco-Kurse durch. In der Carrer de Santa Anna wartet mit der **Parròquia de Santa Anna** 8 ein Kleinod, das durch seine versteckte Lage Gott sei Dank oft übersehen wird. Sie erreichen die Kirche über einen Hof bei der Hausnummer 29. Im Innenraum können sich auch fromme Besucher ein Schmunzeln nicht verkneifen, wenn sie auf den Seitenaltar aufmerksam werden, dessen Wände mit überdimensionalen Bildern von Sportlern geschmückt sind. Gebetet wird hier für möglichst viele Pokale und Medaillen, die katalanische SportlerInnen erringen mögen. Ein weiteres Portal führt zu einem wunderschönen Kreuzgang. Vor dieser zauberhaften Idylle finden regelmäßig abendliche Gitarrenkonzerte statt.

Das Wandmosaik am Brunnen der Kreuzung Rambles/Portaferrissa zeigt, wie die alte Stadtmauer an dieser Stelle einst aussah.

Historisches Herz –
von der Kathedrale zur Plaça Sant Jaume

Der historische Kern Barcelonas mit der Kathedrale, einem eindrucksvollen Ensemble an gotischen Herrschaftsbauten, hübschen Innenhöfen, einer verschlungenen Gassenwelt, kleinen Bars und Cafés – all dies lässt sich im März und November eher genießen als im Juli und August, wenn die Kreuzfahrtschiffe pro Tag bis zu 7000 Passagiere auf die Stadt loslassen – und ein paar Flugtouristen kommen ja noch dazu …

Wenn die Eltern in den Altstadtbars zu lange frühstücken, ist die Straße ein guter Spielplatz. Autos fahren neben der Kathedrale kaum.

Wenn die Baulichkeit von Gotteshäusern Demut, Würde und gleichzeitig Feierlichkeit zum Ausdruck bringt, fühle ich mich davon angezogen. Das kann in großen Kirchen wie der Sagrada Família oder der Santa Maria del Mar ebenso der

Von der Kathedrale zur Plaça Sant Jaume #3

Fall sein wie in kleinen Klosterkirchen oder Kapellen. In der Kathedrale von Barcelona erlebe ich das nicht. Die Wucht und das Kolossale sind hier prägend und nicht sehr einladend. 1298 begannen die Arbeiten an der **Kathedrale La Seu** 1 (›der Bischofssitz‹). Bis zum 14. Jh. erhielt sie ein gotisches Kirchenschiff mit den typischen von Spitzbögen getragenen Gewölben. Ganz fertig war sie aber nicht vor 1890. Zur Carrer Pietat hin liegt ein kleiner Kreuzgang *(claustre)* mit einem idyllischen Palmengarten, in dem ein paar Gänse schnattern. Das Innere der Kathedrale besteht aus drei gewölbten Schiffen und 29 Seitenkapellen. Die Kathedrale ist in vielerlei Hinsicht eine Demonstration katalanischer und spanischer Macht und Geltungssucht. So erinnert die Figur des Crist de Lepanto in der Capella del Santíssim an die große Seeschlacht von 1571. Die Figur soll bei der Schlacht dabei gewesen sein und mitgeholfen haben, die europäische Vormachtstellung im Mittelmeer gegen die Türken zu behaupten. Mit dem Aufzug nahe der Porta de Sant Iu kommen Sie zu schönen Aussichtsterrassen. In der Krypta *(Cripta de Santa Eulàlia)* hat ein Sarkophag aus Marmor die sterblichen Reste von Barcelonas Stadtpatronin aufgenommen.

Wuchtig bis zur Einschüchterung: La Seu

Der Vorplatz der Kathedrale wird auf der Südseite von der **Casa de l'Ardiaca** 2, dem Haus des Erzdiakons, begrenzt. Der aus dem 12. Jh. stammende Bau beherbergt heute das Stadtarchiv. Der Innenhof zeigt sich als typischer gotischer Patio – ein Kleinod mit Gärtchen, Steintreppe und Galerie.

Die große **Plaça Nova** 3 vor der Kathedrale heißt schon seit 1356 so, obwohl es hier kaum um Neues geht. Der hier aufgebaute Weihnachtsmarkt ist nicht so überladen wie bei uns. Und sonntags finden sich gegen 13 Uhr traditionsbewusste Katalanen ein, um den Volkstanz Sardana zu tanzen. Danach, wenn es zum Essen in die baskische Tapas-Bar **Bilbao Berria** 1 am Platz geht, freuen sich auch nationalbewusste Katalanen an nichtkatalanischer Küche. An der Plaça Nova steht auch die Architektenschule **Col. legi d'Arquitectes** 3 mit dem großen Picasso-Fries an der Fassade. Im Kellergeschoss wird der Designladen **La Capell** 1 gerne besucht, der ziemlich pfiffige Accessoires im Angebot hat.

Fragt der Hungrige, ob es von den Tapas auch größere Varianten gibt: *Raciónes* (Portionen) können gemüsig, fischig oder wurstig sein und gehen von der Menge her gut als Zwischenmahlzeiten durch.

#3 **Von der Kathedrale zur Plaça Sant Jaume**

Kleiner und feiner: Plaça Felip Neri und Museumshof Marès

Durch die Carrer del Bisbe und die Carrer de Montjuïc ist man von der Kathedrale aus schnell bei der versteckt liegenden **Plaça de Sant Felip Neri** 4. Der meist menschenleere kleine Platz war das Ziel von Antoni Gaudí bei seinen allabendlichen Spaziergängen. Auf dem Weg dorthin wurde er im Juni 1926 von einer Straßenbahn erfasst und tödlich verletzt. An dem abseitigen und stillen Platz gibt es weder eine Bar noch Terrassenstühle. Uraltes Straßenpflaster, ein paar Bäume, ein kleiner Brunnen, die Kirche Sant Felip Neri – mehr ist nicht da. So wirkt es zauberhaft und friedvoll, trotz der noch sichtbaren Einschusslöcher an der Kirchenwand

---

INFOS/ÖFFNUNGSZEITEN

Kathedrale La Seu 1: Plaça de la Seu, s/n, www.catedralbcn.org, tgl. 8–19 Uhr
Museu Frederic Marès 5: Plaça de Sant Iu, 5–6, T 932 56 35 00, www.museumares.bcn.cat, Di–Sa 10–19, So/Fei 11–20 Uhr, 4,20 €, erm. 2,40 €
Museu d'Historia de la Ciutat 6: Plaça del Rei, s/n, www.museuhistoria.bcn.cat, Di–Sa 10–19, So 10–20 Uhr, 1.1., 15., 24.6., 25.12. geschl., Stadtmuseum 7 €, erm. 5 €, So ab 15 Uhr gratis.
Generalitat 8: Plaça de Sant Jaume, 4. Der Sitz der Landesregierung ist an ›Tagen der Offenen Tür‹ für Einzelpersonen und mit schriftlicher Anmeldung von Gruppen zu besichtigen. Näheres unter www.president.cat/pres_gov/president/ca/presidencia/palau-generalitat/visites.html

KULINARISCHES FÜR ZWISCHENDRIN:

Bilbao Berria 1: Plaça Nova, 3, www.bilbaoberria.es, tgl. 10–24 Uhr, mit Filiale im Born-Viertel (C/ Argenteria, 6)
Mesón del Café 2: Plaça Sant Jaume 16, T 933 15 07 54, Mo–Do 7–22, Fr–So 9.30–12 Uhr

---

MITBRINGSEL MIT PFIFF UND ANDERES

La Capell 1: Plaça Nova, 5, www.lacapell.com, Mo–Sa 10–20, So 10–15 Uhr
Cereria Subirà 2: Baixada de la Llibreteria, 7, T 933 15 26 06, Mo–Do 9.30–13.30, 16–20, Fr 9.30–20, Sa 10–20 Uhr
Sala Ciutat 3: C/ de la Ciutat, 2, http://barcelonallibres.bcn.cat/es, Mo–Sa 11–20 Uhr
Formatgeria La Seu 4: C/ Dagueria, 16, T 934 12 65 48, Di–Sa 10–14, 17–20 Uhr
La Manual Alpargatera 5: Avinyó, 7, T 933 01 01 72, www.lamanualalpargatera.com, tgl. 9.30–13.30, 16.30–20 Uhr

Cityplan: Karte 2, B/C 2/3 | **Metro:** Jaume I

Von der Kathedrale zur Plaça Sant Jaume #3

Die Plaça Felip Neri ist einer der Schauplätze in Carlos Ruiz Zafóns Bestseller-Roman »Der Schatten des Windes«. Der Platz liegt zu seinem Vorteil etwas abseits der Besucherströme und verzaubert.

aus dem Spanischen Bürgerkrieg. Zum **Museu Frederic Marès** 5 sind es nur ein paar Schritte. Der begrünte Innenhof des Museums gehört zu den schönsten Patios der Stadt. Das Museum gibt mit einer großen ›sentimentalen Sammlung‹ Einblicke in die Lebenswelt besser gestellter Schichten im Eixample, also der Kreise, die sich ihre Häuser von Gaudí & Co. bauen ließen.

Regierungssitze – von der Plaça del Rei zur Plaça Sant Jaume

Der gotische Königspalast mitsamt Kirche, Aussichtsturm und Festsaal Saló del Tinell sowie der benachbarte Palau del Lloctinent (›Palast des Stellvertreters‹) bilden ein imposantes Ensemble, das die **Plaça del Rei** umschließt. Hier ist der richtige Ort für das **Museu d'Història de la Ciutat** 6. Das Museum für Stadtgeschichte mit unterirdischen römischen Siedlungsresten ist in den Komplex einbezogen. Höhepunkt des Museums: der Palau Reial. Das mittelalterliche Machtzentrum Barcelonas gilt als Paradebeispiel katalanischer Gotik. Zwischen dem 12. und 16. Jh. residierten hier erst Grafen und dann Könige des aufstrebenden Katalonien. Die kleine Gasse Baixada Llibreteria führt zur Plaça Sant Jaume. Hier verkauft die **Cereria Subirà** 2 seit 1761 Kerzen und sonstige Devotionalien. Weiter

Ein kleines Sommerabend-Konzert vor der romantischen Kulisse der **Plaça del Rei** gehört zum Schönsten, was man in Barcelona erleben kann (www.barcelonaturisme.com).

#3 Von der Kathedrale zur Plaça Sant Jaume

D DORNEN

Noch in den 1960er- und 1970er-Jahren, als Europas Jugend gegen den Muff bürgerlicher Konventionen aufbegehrte, konnten Bußfertige in der Cereria Subirà und anderen Geschäften religiösen Bedarfs in Barcelona Dornengürtel und andere Devotionalien zur Selbstkasteiung erwerben.

Fetisch Fußball blüht in Barcelona in den schrillsten Farben.

oben ist bei Hausnummer 16 Obacht geboten, um das Winzlingscafé **Mesón del Café** ❷ nicht zu übersehen. Mit zehn oder zwölf Gästen ist diese originelle Stube voll. Und der Barmann erzählt jedem, dass es sich bei der auf einem Podest ausgestellten Kaffeemaschine um die älteste in ganz Barcelona handelt.

Die **Plaça de Sant Jaume** ❼ schreibt schon seit Jahrhunderten Geschichte. Als Forum stand der Platz zur Zeitenwende im Mittelpunkt der römischen Siedlung Barcino. 2000 Jahre später, am 22. Juli 1936, verkündete der katalanische Regierungschef Lluís Companys vom Balkon der **Generalitat** ❽ aus, dass die Schlacht gegen die putschenden Militärs gewonnen sei, was sich kurze Zeit später als bitterer Trugschluss erweisen sollte. Als Landespräsident Josep Tarradellas 1977 aus dem Exil nach Barcelona zurückkehrte, rief er von hier der Menge sein »*Ja sóc aquí*« (dt. Ich bin wieder da) zu. Nach Francos Tod leitete dies die ersten Schritte hin zur Demokratie ein. Auf demselben Balkon lassen sich auch die Cracks des FC Barcelona hochleben. Und wenn es nichts zu feiern gibt, werden hier die Forderungen von politischen Demonstrationen kundgetan. Im **Ajuntament** ❾ (Rathaus) – es steht dem Sitz der Landesregierung gegenüber – hat seit Juni 2015 Bürgermeisterin Ada Colau das Sagen. Sie wurde als Kopf des linken Protestbündnisses ›En Comú‹ in das Amt gewählt. Dass mit Carles Puigdemont seit Januar 2016 auch der derzeitige Ministerpräsident Kataloniens als Verfechter einer katalanischen Autonomie gilt, lässt für Barcelona und Katalonien politisch spannende Zeiten erwarten.

Die größte Buchauswahl zum Thema Barcelona mit vielen mehrsprachigen Titeln finden Sie in einem zum Rathaus gehörenden Laden namens **Sala Ciutat** ❸. Neben dem Rathaus führt die kleine Carrer Dagueria in Richtung Hafen. Die Hausnummer 16 trägt ein sehr beliebtes Käsegeschäft namens **Formatgeria La Seu** ❹.

> **→ UM DIE ECKE**
>
> In der nahen Carrer Avinyó gibt es einige originelle Geschäfte, etwa Secondhand-Läden oder das berühmte **La Manual Alpargatera** ❺. Hier begeistert seit 1910 die riesige Auswahl an handgemachten Espadrilles.

Die Stadt und das Meer – **alter Hafen, neue Strände**

Der Weg vom alten Hafen zum einstigen Fischerviertel Barceloneta und den kilometerlangen Stadtstränden ist voller reizvoller Eindrücke. Die Botschaft dieser Tour: Barcelona hat aufgehört, mit dem Rücken zum Meer zu leben.

Als besondere Einstimmung empfehle ich Ihnen den Besuch der historischen Schiffswerften **Drassanes** und des darin untergebrachten **Museu Marítim** 1. Hier wurden die Galeeren, Segler und Karavellen gezimmert, mit denen Katalonien im Mittelalter seine politische und wirtschaftliche Bedeutung begründete. Vieles von den Werften ist erhalten und macht sie weltweit einmalig. Im Hof macht der Nachbau des ersten spanischen

Es war einmal eine große Hafenstadt, die mit dem Rücken zum Meer lebte und sich diesem erst mit den Olympischen Spielen 1992 zuwandte.

#4 Alter Hafen, neue Strände

U-Boots schmunzeln. Es war ursprünglich zum Korallentauchen konzipiert. Das Museumsrestaurant wird von der Sozialinitiative Norai Raval organisiert: Gestrauchelte Jugendliche aus dem nahen Raval-Viertel erhalten hier als Barleute und im Service eine neue Chance.

INFOS/ÖFFNUNGSZEITEN

Museu Marítim 1: Av. de les Drassanes, s/n, www.mmb.cat, tgl. 10–20 Uhr, 7 €, erm. 3,50 €
Kolumbussäule 2: Plaça del Portal de la Pau, tgl. 8.30 Uhr bis abends, 6 €, erm. 4 €
Museu d'Historia de Catalunya 3: Palau del Mar, Pl. Pau Vila, 3, www.mhcat.net, Di, Do–Sa 10–19, Mi 10–20, So 10–14.30 Uhr, 4,50 €, erm. 3,50 €
Centre d'Art Santa Mònica 4: La Rambla, 7, artssantamonica.gencat.cat, Di–Sa 11–21, So 11–17 Uhr, Eintritt frei

KULINARISCHES FÜR ZWISCHENDRIN

Im **Can Maño** 1, C/ del Baluard, 12, T 933 19 30 82, Mo 20–23, Di–Fr 8.30–16, 20–23, Sa 8.30–16 Uhr, sind Fischgerichte noch erschwinglich. Einfach und einfach gut essen Sie in der Bodega **La Cova Fumada** 2, C/ Baluard, 56/Pl. Poeta, T 932 21 40 61, Mo–Mi 9–15.20, Do/Fr 9–15.20, 18–20.20, Sa 9–13.20 Uhr, geschl. So und Aug. **La Guingueta de la Barceloneta** 3, Platja de Sant Sebastiá, s/n, www.carlesabellan.com, März–Nov. tgl. 9–24 Uhr, ist eines der besten Xiringuitos. Einen freien Blick aufs Meer erlaubt das noble Strandrestaurant **Xiringuito Escribà** 4, Litoral Mar, 42, www.xiringuitoescriba.com, tgl. 13–16.30, 20–23 Uhr.

SHOP 'N' CHILL

The only fish in the sea 1: C/ de l'Atlàntida, 47, T 936 11 37 98, Mo 15–17, Di–So 11–21 Uhr
Baluard 2: C/ del Baluard, 38–40, Mo–Sa 8–21 Uhr
Eclipse 1: Plaça de la Rosa dels Vents, 1 (in der 26. Etage des Hotel W Barcelona), T 932 95 28 00, www.eclipse-barcelona.com, Mo, Mi 18–2, Di, Do bis 3, Fr–So bis 4 Uhr
Carpe Diem Lounge Club 2: Passeig Marítim, 32, www.cdlcbarcelona.com, tgl. 12–5 Uhr
Bosc de les Fades 3: Passatge de la Banca, 5 (neben dem Wachsfiguren-Museum), www.museocerabcn.com/bosc/cast/home.htm, Mo–Fr 10–1, Sa 11–1.30, So 11–1 Uhr

Cityplan: E–K 7/8 und Karte 3 | **Metro:** Drassanes

Alter Hafen, neue Strände #4

Die nahe **Kolumbussäule** 2 wurde anlässlich der Weltausstellung von 1888 errichtet und gehört zu den Wahrzeichen der Stadt. Die 60 m hohe Plattform erlaubt einen grandiosen Ausblick. Neuerdings werden hier sogar Wein- und Cava-Proben angeboten. Die Fußgängerbrücke als Rambla del Mar führt über das Hafenbecken zu einer Freizeit- und Shoppingzone, die man aber getrost übersehen darf. Wir bleiben deshalb auf der Moll de la Fusta (offiziell: Moll de Bosch i Alsina) bis zum Eingang des Hafenviertels Barceloneta. Blickfänge auf dieser kurzen Strecke sind die Skulpturen »La Gamba« von Javier Mariscal und Roy Lichtensteins »Barcelona Head«. Am Ende der Mole wurde 1996 eine Lagerhalle zum **Palau del Mar** und Sitz des **Katalanischen Geschichtsmuseums** 3 umgebaut. Dort eine interaktive Reise durch die Geschichte Kataloniens von der Steinzeit bis heute zu unternehmen schafft Verständnis für die aktuelle Debatte um die katalanische Autonomie.

Hütten zu Grandhotels – Barceloneta

Vom Fischerviertel zum Spielball der Immobilienspekulation, so lässt sich die jüngere Entwicklung von Barceloneta (›Kleines Barcelona‹) zusammenfassen. Das Straßenbild sieht noch aus wie vor 50 Jahren, aber seit sich an den vorgelagerten Stränden die Schickeria bräunt, gibt es hier nicht mehr viele von den sogenannten kleinen Leuten, die den Fernseher in der Küche stehen haben. Von den mehr als 3000 Fischern in den 1950er-Jahren sind kaum 500 übrig.

Ein bisschen Atmosphäre aus dem alten Barceloneta findet sich noch im Fischlokal **Can Maño** 1. Auch in der Bodega **La Cova Fumada** 2 hat niemand ein Jackett an. Dörflich ist die Stimmung im Markt und auf dessen Vorplatz. Dort macht es Spaß, in dem Laden **The only fish in the sea** 1 zu stöbern und in Barcelonas bester Bäckerei **Baluard** 2 nicht zu wissen, was man will: Sie finden sie in der gleichnamigen Straße.

Als ganz andere Welt zeigt sich ein paar Meter entfernt die Strandzone, wo aus Hütten Paläste geworden sind. Das von Stararchitekt Ricardo Bofill gestaltete **Hotel W Barcelona** gleicht einem 99 m hohen Großsegel. Die Cocktailbar **Eclipse** im 26. Stock wurde mit ihrem faszinierenden Blick über das Meer schnell zum absoluten Renner.

Roy Lichtensteins Skulptur »El Cap de Barcelona« (engl. Barcelona Head, 1991/92) am alten Hafen ist ein echter Hingucker, der 14 m in die Höhe ragt und im Straßenverkehr schon so manche Vollbremsung verursacht hat. Die Verwendung von Keramik ist eine Hommage an Barcelonas großen Sohn Antoni Gaudí, der seine Bauten mit schillernden Oberflächen aus gebrochenen Kacheln schmückte. Diese Technik nennt man Trencadís.

Kolumbussäule

#4 Alter Hafen, neue Strände

Kunst ohne Kohle: Das Ausstellungszentrum für moderne Kunst **Santa Mònica** 4 kann ohne Eintrittsgebühr besucht werden.

Am Schnittpunkt von Arm und Reich, wo Barceloneta in die Strandzone Platja de Sant Sebastià übergeht, steht der **Contador de la vergüenza** (›Zähler der Schande‹). Er zeigt die jeweils aktuelle Zahl der im Mittelmeer ertrunkenen Flüchtlinge des laufenden Jahres an. 3034 waren es bei der Einweihung des Mahnmals am 28. Juli 2016.

Strandbuden vom Feinsten

Seit den Olympischen Spielen von 1992 hat Barcelona einen 4 km langen Stadtstrand und das Meer sauberes Wasser. Hier darf man in Superlativen schwelgen. Hinsichtlich der Strandzonen können Sie der einfachen Faustregel folgen: Je nördlicher, desto beschaulicher. An den großen, stadtnahen Abschnitten (Platja de la Barceloneta und Platja de Sant Sebastià) setzt die Partystimmung schon vor dem Mittagessen ein; Taschendiebe gehören dabei zu den ungebetenen Gästen. Ruhiger geht's an der Platja de la Nova Icària neben dem Olympiahafen und den weiter oben liegenden Platja del Bogatell und Mar Bella zu. Durch außergewöhnlich hohe Qualität fallen auch die Strandbuden *(xiringuitos)* auf. Zu den besten zählt **La Guingueta de la Barceloneta** 3 an der Platja de Sant Sebastià, ganz in der Nähe des ›schiefen Turms‹ von Rebecca Horn, »L'estel ferit«. Die *patatas bravas* (Bratkartoffeln mit scharfer Knoblauchsoße) von Starkoch Carles Abellan beweisen, dass auch einfache Snacks lecker und preiswert sein können. Zu meinen Favoriten gehört auch der **Xiringuito Escribà** 4 nahe beim Olympischen Hafen. Während der Schönwettermonate April–Oktober haben die meisten Strandlokale tgl. von mittags bis spätabends geöffnet.

Patatas Bravas an der Strandbude verhelfen nur denen zur Traumfigur, die dafür etwas an Gewicht zulegen müssen.

Die Bars und Clubs am Port Olímpic brauchen am späten Abend auf Gäste nicht zu warten. Der **Carpe Diem Lounge Club** 2 gehört seit Jahren zu den Top-Adressen. Den Nachteulen dient die vor dem Luxushotel Arts gelegene Großskulptur »El peix d'or« von Frank Gehry als Treffpunkt.

→ UM DIE ECKE

Etwas unterhalb der Plaça Reial versteckt sich die Bar **Bosc de les Fades** 3 (›Feenwald‹) neben dem Wachsfiguren-Museum in der Passatge de la Banca. Cocktails und Kitsch gefällig? Bitte schön!

Lebenskunst und Kunstleben – **im Born-Viertel**

Jenseits der großen Verkehrsstraße Laietana sind Musik, Kunst und Kulinarik schon lange die großen Themen. In wuchtig-schwerem Gemäuer wohnt zumeist der Leichtsinn. Etwas Schwermut zeigt sich allein neben der Kirche Santa Maria del Mar, wo man an der Plaça del Fossar de les Moreres der vielen Opfer gedenkt, die der Angriff von Truppen aus Madrid auf Barcelona im September 1714 kostete. Das ist bis heute nicht vergessen.

In der kleinsten Gasse findet sich der größte Künstler – und das **Museu Picasso** 1 in der Carrer Montcada lebt gut damit. Es hat seinen Platz in fünf nebeneinander liegenden Stadtpalästen aus

Straßen und Gassen sind nicht nur Strecken von A nach B, sondern Lebensraum.

#5 Born-Viertel

dem Mittelalter. So viel Platz ist auch nötig, um die vielen Besucher aufzunehmen, die Pablo Picassos Jugendwerk bestaunen wollen. Das Museum wurde 2015 mit 1,2 Mio. Besuchern hinsichtlich der Publikumsgunst lediglich vom Museu del Futbol Club Barcelona (1,7 Mio. Besucher) übertroffen. Picasso hatte dem Haus 1970 mehr als 2200 Arbeiten geschenkt, die seine Entwicklung vom 10. bis zum 24. Lebensjahr repräsentieren.

Diese Gabe ist nicht der einzige Hinweis auf die enge persönliche Verbundenheit Picassos mit der Stadt. 1881 in Malaga geboren, kam er 1895 mit seiner Familie nach Barcelona und verbrachte hier seine Jugendjahre bis 1904. Es waren Jahre der Bildung und der ersten Anerkennung. Den Treffpunkt für lange Kneipenabende der Künstlerszene des Fin de Siècle gibt es mit dem **Quatre Gats** (▶ S. 105) heute noch. Picasso bezahlte dort seine Zeche mit Entwürfen für die Vignetten der Speisekarte. In der ebenfalls noch bestehenden Kunstgalerie **Sala Parés** (▶ S. 29) stellte

Jung und frisch bis ins hohe Alter: Pablo Picasso

Picasso 1901 als Zwanzigjähriger erstmals aus. In derselben Gasse reizt ein abendlicher Abstecher in den Palau Dalmases mit der Bar **Espai Barroc** 🌟 wegen der täglichen Flamenco-Aufführungen. Gleich daneben steht man nachmittags vor einem alten, geschlossenen Garagentor. Wenn es sich in den frühen Abendstunden öffnet, kommt mit dem **El Xampanyet** 🌟 eine seit Langem beliebte Bar zum Vorschein – ein Treff- und Ausgangspunkt für abendliche Streifzüge durch das Viertel, Prädikat ›authentisch‹. Einen der Tapa-Höhepunkte in ganz Barcelona beschert das gegenüberliegende **Euskal Etxea** ❶. Auf dem langen Tresen des baskischen Traditionslokals biegen sich die Balken unter der leckeren Last der Tapa-Tabletts. Wenn ich Freunde in Barcelona zum Tapasessen einlade, dann hier.

Kulinarische Vielfalt: Tapas

Orte des Katalanischen Nationalstolzes

Die Kirche **Santa Maria del Mar** ❷ und der daneben gelegene Platz Fossar de les Moreres verbinden sich auf das Engste mit dem katalanischen Schicksalsjahr 1714. Wenn die Katalanen jährlich am 11. September ihren Nationalfeiertag *Diada* begehen, ist es eher ein Gedenk- als ein Feiertag, denn an diesem Tag jährt sich der schreckliche Überfall französischer und kastilischer Truppen auf Barcelona. Dann versammeln sich auf dem Platz **Fossar de les Moreres** nationalbewusste Katalanen unter einem ›ewigen Feuer‹, das von einer hohen Stele getragen wird. Die Gedenkstätte über dem ehemaligen Friedhof der Gefallenen des Jahres 1714 wurde 2001 eingerichtet. Die Kirche Santa Maria del Mar zählt in ihrer strengen und würdevollen Schönheit zu den eindrucksvollsten Gotteshäusern der Stadt. Der gotische Bau wurde zwischen 1329 und 1370 in ungewöhnlich kurzer Zeit errichtet. Dadurch gewann er im Gegensatz zur Kathedrale eine außergewöhnliche stilistische Geschlossenheit.

Passeig del Born und drum herum

Die stimmungsvolle kleine Bummelzeile zwischen der Kirche und der ehemaligen Markthalle El Born (jetzt El Born – Centre Cultural) heißt Passeig del Born. Hier laufen Sie am besten im Zickzack mit Abstechern in die links und rechts abzweigenden Gassen und erleben dabei, was das Born-Viertel

▶ **LESESTOFF**

Der Untergang Barcelonas ist die 2015 erschienene und unbedingt lesenswerte Übersetzung des Erfolgsromans »Victus« von Albert Sánchez Piñol. Der Protagonist ist ein junger Taugenichts, der vom berühmten Vauban lernt, die sichersten und schönsten Festungsmauern zu bauen, und alles unternimmt, um seine geliebte Stadt zu retten. Piñol schreibt mit knisternder Spannung und funkensprühendem Humor über den Beginn des Spanischen Erbfolgekrieges, an dessen Ende 1714 die Zerstörung Barcelonas stand (S. Fischer, Frankfurt/Main 2015).

#5 Born-Viertel

so attraktiv macht: ausgefallene Shops, Bars und Musiklokale in Hülle und Fülle, kleine Restaurants für den großen Abend. Lohnend sind dabei rechts vor allem die Carrer Caputxes mit **Bubo**

INFOS/ÖFFNUNGSZEITEN

Museu Picasso ❶: C/ Montcada 15–23, www.museupicasso.bcn.cat, Di–So/Fei 9–19, Do bis 21.30 Uhr, Eintritt 11 €, erm. 7 €, bis 18 Jahre frei, 1. So im Monat Eintritt frei. Eintrittskarten am besten online besorgen!
Santa Maria del Mar ❷: Plaça de Santa Maria, 1, Mo–Sa 9–13.30, 16.30–20, So/Fei ab 10.30 Uhr
El Born – Centre Cultural ❸: Plaça Comercial 12, http://elborncentrecultural.bcn.cat, Di–So 10–19 Uhr, 4,40 €, erm. 3,10 €

KULINARISCHES FÜR ZWISCHENDRIN:

Euskal Etxea ❶: Placeta de Montcada, 1, T 933 10 21 85, www.euskaletxeataberna.com, tgl. 10–24 Uhr
Cal Pep ❷: Pl. de les Olles, 8, T 933 10 79 61, www.calpep.com, Di–Sa 13–15.45, 19.30–23.30 Uhr, Mo nur abends, So und Aug. geschl.

La Llavor dels Orígens ❸: C/ de la Vidriería, 6–8, T 933 10 75 31, www.lallavordelsorigens.com, tgl. 12–24 Uhr
Café Kafka ❹: C/ Fusina, 7, T 933 15 17 76, www.cafekafka.es, Di–So 13–16.30, 20–24 Uhr

SHOP 'N' CHILL

Bubo Born ❶: C/ Caputxes, 10, bubo.es, Mo–Do 10–21, Fr–So bis 22/23 Uhr
Anna Povo ❷: C/ Virieria, 11, Mo–Sa 10.30–21, So 12–20 Uhr
Pastelería Hofmann ❸: C/ des Flassaders, 44, www.hofmann-bcn.com, 9–14, 15.30–20.30 Uhr, So nur vormittags
Espai Barroc ❶: C/ Montcada, 20, 933 10 06 73, www.palaudalmases.com, Mo–Sa 11–1.30 Uhr
El Xampanyet ❷: C/ Montcada, 22, T 933 19 70 03, 12–15.30, 19–23 Uhr, Mo und So abends geschl.
Miramelindo ❸: Passeig del Born, 15, T 933 10 37 27, tgl. 20–2.30 Uhr

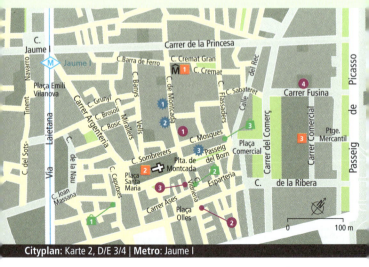

Cityplan: Karte 2, D/E 3/4 | **Metro:** Jaume I

Born-Viertel #5

Born 🛍️, dem Kunsthandwerkladen für Desserts, und die nahe Plaça Olles mit dem Tapa-König **Cal Pep** ❷. Auf dem Rückweg zum Passeig del Born lockt die kleine Vidrieria-Gasse mit Shops wie dem von **Anna Povo** 🛍️ (Design-Mode für Frauen) oder dem beliebten Kleinrestaurant **La Llavor dels Orígens** ❸.

Zu den Anrainern des Passeig del Born gehört u.a. das Uralt-Abendlokal **Miramelindo** ✱ (dt. Schau mich zärtlich an), in dem die Mehrheit der Gäste älter als 30 ist und die Musik weniger laut als andernorts. Unbedingt nach links abbiegen sollten Sie in die Carrer dels Flassaders. Dort erwartet Sie eine grandiose Kuchentheke in der **Pastelería Hofmann** 🛍️.

Am Wegesrand hoch zur Carrer de la Princesa gibt es Shops und Bars ohne Ende. Gleiches gilt für die **Carrer del Rec** und für die Carrer del Comerç. Beide führen wieder zurück zum Passeig del Born. Einen kurzen Stopp verdienen dabei Läden wie **Le Swing** (Rec, 16, Vintage), **Twothirds** (Rec, 34, feines kleines Modegeschäft) oder, schon jenseits des Passeig de Born, **Coquette** (Rec, 65, Luxusmode für Damen).

Einen Höhepunkt bei den Sehenswürdigkeiten des Viertels bildet das **Kulturzentrum Born** ❸ (El Born – Centre Cultural), das 2013 nach langwieriger Restaurierung der vormaligen Markthalle eröffnete. 1876 gebaut, war sie 1971 geschlossen worden und sollte in der Folge zu einer Bibliothek umgebaut werden. Doch bei den Arbeiten stieß man auf umfangreiche archäologische Funde. Schicht um Schicht wurde das frühe 18. Jh. sichtbar gemacht, die Jahre, in denen die Truppen des spanischen Königs Barcelona angegriffen und besetzt hatten. Erst Jahre später, 2012, einigte man sich auf eine Umwandlung der Halle in ein Kultur- und Archäologiezentrum. Zu sehen sind mehrere Straßen aus dem 18. Jh., gut erhaltene Reste von einfachen Häusern und aufwendig gestalteten Palais.

Eines der besten Restaurants in dieser Gegend hat als **Café Kafka** ❹ seinen Platz gleich neben der Born-Halle in der Carrer Fusina. Im 1950er-Jahre Stil geschmackvoll eingerichtet und mit attraktiven Speisen und Weinen im Angebot, eignet es sich als idealer Ort, um einen Bummel durch das Viertel genussvoll abzuschließen.

Nicht von der Stange! Diesem Motto folgen im Born-Viertel auch die Schaufensterpuppen.

6

Die Tonleiter hoch – **zum Palau de la Música Catalana**

Die Carrer Princesa trennt das Szene- und Touristenviertel Born von den höher gelegenen Quartieren Santa Caterina und Sant Pere, in denen mehr die Einheimischen das Sagen haben. Was sich auf der verträumten Plaça de Sant Agustí Vell ebenso zeigt wie in der zauberhaften Hofgarten-Bar des L'Antic Teatre. Als prachtvolles Symbol der kulturellen Wiedergeburt Kataloniens ragt der Palau de la Música Catalana heraus.

Bitte nachzählen! Das Dach des Mercat de Santa Caterina soll aus 325 000 Keramikteilen in 67 Farben bestehen.

Zum Palau de la Música Catalana #6

Ein charmantes Uraltgeschäft am Anfang der Princesa-Straße heißt **El Rei de la Màgia** 🛍 und bietet auch unerfahrenen Zauberern viele Accessoires für verblüffende Tricks. Kindern und allen, die sich das Staunen bewahrt haben, verschafft die zum Laden gehörende **Zauberbühne** 🎭 in der Nähe magische Abende. Tiefer in der Carrer Princesa kauft Barcelona im Schokoladengeschäft **La Campana** 🛍 schon seit über 100 Jahren seinen Nougat *(turrón)*. Für alle, die verrückt auf Süßes sind, wurde das nahe Restaurant **Espaisucre** ① eingerichtet. Dort bestehen die drei Gänge eines Menüs ausschließlich aus süßen Zutaten. Passend dazu lockt ein paar Meter weiter das **Museu de la Xocolata** 🅵 in der Carrer Comerç mit wunderbaren Leckereien im Shop, die sich bestens als Mitbringsel eignen. Wem das jetzt alles viel zu süß und pappig ist, der freut sich über die nahe Bar **Celta Pulperia** ②, eine galizische Tintenfischküche, die ihr Handwerk bestens versteht.

Der Kreuzgang im Convent de Sant Agustí und andere idyllische Plätze

Es macht mir bei meinen Besuchen in Barcelona immer wieder Spaß, wenn ich versteckt liegende Besonderheiten entdecke. So war es auch mit der Bar im **Convent de Sant Agustí** ③ (Eingang Carrer Comerç, 36 oder über Plaça de l'Academia, s/n). Beim Vorbeigehen käme kein Mensch auf die Idee, dass sich hinter der gesichtslosen Straßenfront der Klosterruine ein so hübscher Kreuzgang befindet. Gönnen Sie sich an diesem idyllischen Ort einen Pausenkaffee. Weiter geht es dann zur eher stillen **Plaça de Sant Agustí Vell** 🅿, von der die Carrer dels Carders abzweigt. Folgen Sie ihr in Richtung Carrer Princesa, kommt kurz vor der zweiten Querstraße auf der rechten Seite unter der Hausnummer 35 mit dem **Espai Mescladís** ④ ein witzig dekorierter Innenhof. Hier können Sie in Flohmarktstimmung mit den Ausgaben für Kaffee und Kuchen ein Sozialprojekt zur Integration von Migranten fördern.

Das schönste Dach der Stadt hat der Mercat de Santa Caterina

Es ist merkwürdig: Wann immer in Barcelona in jüngerer Zeit eine historische Markthalle saniert wird, stößt man bei den Bauarbeiten auf derart

Im Museu de la Xocolata führt in der Skulptur von Julio Carretero Don Quichote einen schokoladigen Kampf gegen Windmühlen.

#6 Zum Palau de la Música Catalana

interessante und umfangreiche archäologische Funde, dass deren Sicherung die Sanierungsarbeiten auf viele Jahre ausdehnt. Das war bei der großen Markthalle im Born so, das erlebte man hier beim **Mercat de Santa Caterina** 3 zur Jahrtausendwende, und das geschieht derzeit am

INFOS/ÖFFNUNGSZEITEN

Museu de la Xocolata 1: C/ Comerç, 36, www.museuxocolata.cat, Mo–Sa 10–19 (Juni–Sept. bis 20), So 10–15 Uhr, Eintritt 6 €, diverse Ermäßigungen (s. Website)

Mercat de Santa Caterina 3: Av. Francesc Cambó 16, www.mercatsantacaterina.com, Mo 7.30–14, Di/Mi, Sa 7.30–15.30, Do/Fr 7.30–20.30 Uhr

Palau de la Música Catalana 4: Amadeu Vives, 4–6, T 902 47 54 85, www.palaumusica.cat, Führungen (auch auf Engl.) tgl. 10–15.30 Uhr, Osterwoche und Juli 10–18, Aug. 9–18 Uhr jede halbe Std., Dauer 55 Min., 18 €, erm. 11 €

KULINARISCHES FÜR ZWISCHENDRIN

Espaisucre 1: C/ Princesa, 53, T 933 15 10 22, www.espaisucre.com

Bar Celta Pulperia 2: C/ Princesa, 50, T 933 15 15 10, www.barcelta.com, tgl. 9–24 Uhr

El Bar del Convent de Sant Agustí 3: C/ Comerç, 36, T 932 56 50 17, www.bardelconvent.com, Di–Do 10–21, Fr/Sa 10–22, So/Fei, Mo sowie im Aug. geschl.

Espai Mescladis 4: C/ Carders, 35, T 933 19 87 32, http://mescladis.org, So–Do 10–22, Fr/Sa bis 24 Uhr

Cuines Santa Caterina 5: im Mercat de Santa Caterina, T 932 68 99 18, So–Do 9–23.30, Fr/Sa bis 0.30 Uhr

SHOP 'N' CHILL

El Rei de la Màgia 1: C/ Princesa, 11, T 933 18 71 92, www.elreydelamagia.com

La Campana 2: C/ Princesa, 36, T 933 19 72 96, www.lacampanadesde1890.com, tgl. 10–21 Uhr, im Febr. geschl.

Zauberbühne 1: C/ Jonqueres, 15, www.elreidelamagia.cat, Kassenstunden Di–Fr 11–14, 16–20 Uhr, Vorstellungen nachmittags und abends, meist zwischen Do und So

L'Antic Teatre 2: C/ Verdaguer i Callis, 12, www.anticteatre.com

Skybar 3: Via Laietana, 30 (im Grand Hotel Central Barcelona), www.grandhotelcentral.com/food-drink/skybar/, bis 1 Uhr

Cityplan: Karte 2, D/E 1–3 | **Metro**: Jaume I oder Urquinaona

Mercat de Sant Antoni. Beim Caterina-Markt sind Reste des namensgebenden Klosters aus dem frühen 19. Jh. sowie Funde aus der Römerzeit in einem kleinen integrierten Museum ausgestellt. Die herausragende Besonderheit dieser 2005 fertiggestellten Markthalle ist allerdings ihr wellenförmiges Dach. Es soll aus 325 000 Keramikteilen in 67 Farben bestehen; reichlich Symbolkraft für Früchte und Gemüse. In der Halle und in ihrer nächsten Nachbarschaft bieten sich viele Bars und Kleinrestaurants für einen Snack am Mittag an. Besonders beliebt ist dabei das Lokal **Cuines Santa Caterina** ❺ in der Markthalle wegen seiner Großauswahl an guten Tapas und Tellergerichten.

Lustgarten Palau de la Música Catalana

Auf dem kurzen Weg zum Palau de la Música Catalana sollten Sie unbedingt in der kleinen Carrer Verdaguer i Callis vorbeischauen. Dort residiert das **L'Antic Teatre** ❷ mit seiner idyllischen Innenhofbar. Auf dem Programm der kleinen Bühne stehen ab und an Musikvorträge, die Bar ist der ideale Ort für ein Glas Wein abseits von städtischem Getriebe. Im Jahr 2008 feierte der Musentempel **Palau de la Música Catalana** ❹ seinen 100. Geburtstag. Der farben- und formenreiche Bau von Lluís Domènech i Montaner an der Straßenkreuzung Sant Pere Més Alt/Carrer de la Música liegt kaum zehn Gehminuten von der Plaça de Catalunya entfernt. Bildhauer, Stukkateure und Buntglasspezialisten haben hier 1905–08 einen Lustgarten aus Stein geschaffen. Der Musikpalast repräsentiert einen Kulminationspunkt der katalanischen *renaixença*, des im 19. Jh. wieder aufblühenden Selbstbewusstseins der Katalanen. Er ist noch heute im Besitz des Orfeó Català, des katalanischen Nationalchors, der 1891 von Lluís Millet und Amadeu Vives gegründet wurde. Dieser gab auch den Bauauftrag. Zum Programm gehören klassische Konzerte ebenso wie Jazz- oder Gitarrenabende.

Der Palau de la Música Catalana ist von einer umwerfenden Farben- und Formenpracht. Wo sonst könnte man ein solches Kassenhäuschen sehen?

> UM DIE ECKE

Die **Skybar** ❸ auf dem Dachgarten des Grand Hotel Central Barcelona mit ihrem Pool hat durch Werbeaufnahmen Berühmtheit erlangt. Sie müssen nicht Hotelgast sein, um abends hier einen Drink und die Aussicht zu genießen.

#7

Prinzip Überschwang – **Sagrada Família und Hospital de Sant Pau**

Viele Jahre dachte ich: »Mein Gott, was ein Theater um eine Kirche!« Bei der Begehung des Innenraums der Sagrada Família erlebe ich nun aber, wie auch Erwachsene ein kindliches Staunen ergreift.

Die Leidenschaft, mit der die Modernisme-Architekten Antoni Gaudí und Lluís Domènech i Montaner zu Werke gingen, offenbart sich bei dem kolossalen Kirchenbau von Gaudí ebenso eindrucksvoll wie bei dem Krankenhaus von Domènech i Montaner, das jetzt mit seinen Pavillons für Ausstellungen und Veranstaltungen genutzt wird. Die beiden imposanten Bauwerke gehören zum UNESCO-Weltkulturerbe und liegen dicht beieinander. Machen Sie sich auf einen Rausch aus Formen und Farben gefasst.

Sagrada Família und Hospital de Sant Pau #7

Der 1882 begonnene Bau der Basilika **Sagrada Família** 1 war das Lebenswerk von Antonio Gaudí (1852–1926) und soll zu dessen 100. Todestag 2026 vollendet werden. Dazu benötigt man pro Jahr rund 25 Millionen Euro, die aus Spenden und Eintrittsgeldern stammen. ›Die Unvollendete‹ ist mit mehr als 3 Mio. Besuchern im Jahr die meistbesuchte Sehenswürdigkeit Barcelonas. Gaudí, der den Bauauftrag 1883 als 31-Jähriger erhalten hatte, wollte damit sein Lebenswerk krönen. Sein Unfalltod im Jahr 1926 setzte den Arbeiten zunächst ein jähes Ende. Von den vier Fassaden, die das Leben Christi in Bildern wiedergeben, war nur die Ostfassade (Christi Geburt) fertiggestellt. Antoni Gaudís Grab befindet sich in der Krypta.

Um welche Dimensionen es hier geht, wird deutlich, wenn Sie an der Kirche Menschen bei der Arbeit sehen.

Bürgerkrieg und Zweiter Weltkrieg erzwangen einen Baustopp bis 1952. Die Türme der Westfassade und die Fassade selbst (Fassade des Leidensweges und Todes Christi) waren 1976 errichtet. Der spanische Bildhauer und Maler Josep Maria Subirachs hat diese Passionsfassade mit schroffen Konturen in fast 20-jähriger Arbeit geschaffen und sich damit in einen deutlichen Kontrast zu Gaudís Formensprache gestellt. Der 2014 im Alter von 87 Jahren gestorbene Subirachs gilt als einer der bedeutendsten spanischen Bildhauer der Gegenwart.

Seit den 1980er-Jahren beschleunigen touristische Einnahmen die Arbeit an dem großen Kirchenbau erheblich. Im Sommer 2016 waren fertiggestellt: acht der 18 geplanten Türme, zwei Fassaden sowie der Innenraum der Kirche, nach dessen Überdachung im Jahr 2010 Papst Benedikt XVI. zu einem Weihgottesdienst in die Sagrada Família kam. Der Kirchenraum ist hell, die Säulen tragen ein lichtdurchflutetes Gewölbe, das einen Palmenwald symbolisiert und zum märchenhaften Ambiente beiträgt. Die Dimensionen drücken sich auch im Fassungsvermögen aus: 8000 Menschen finden hier nach Fertigstellung Platz, und auf den Emporen kommen Chöre mit bis zu 1500 Sängern unter. Der alles überragende Christusturm ist mit 172,5 m geplant, was ihn zum höchsten Kirchturm der Welt machen, aber auf Wunsch von Gaudí die Höhe von Barcelonas Hausberg Montjuïc (180 m) nicht überschreiten wird. Bei bis zu 9000 Tagesbesuchern rate ich Ihnen zum Online-Ticketkauf, um sich stundenlanges Schlangestehen zu ersparen.

Wollen Sie nach dem Besuch der Sagrada Família mit dem **Bus Turístic** weiterfahren? Mein Tipp: Umgehen Sie lange Warteschlangen mit einem Bummel durch das Viertel zum Passeig de Sant Joan. Am oberen Ende dieser Mini-Rambles stoßen Sie auf die nächste Station des Bus Turístic – und viel weniger Zusteiger.

#7 Sagrada Família und Hospital de Sant Pau

Von der Kirche zur Kunst: die Jugendstilanlage Sant Pau

Von der Sagrada Família führt Sie der schöne Spazierweg Avinguda de Gaudí an netten Cafés vorbei zu einem weiteren beeindruckenden Beispiel modernistischer Baukunst, dem vormaligen **Hospital Sant Pau**, neuerdings als **Sant Pau Recinte Modernista** 2 bezeichnet. Sie erreichen dieses in einem kleinen Park gelegene Ensemble mit einem viertelstündigen Spaziergang und werden Ihre Freude haben an dem, was Lluís Domènech i Montaner zwischen 1905 und 1930 da geschaffen hat. Bis 2009 war es eine Klinik, nach deren Verlegung gibt es in den schönen Gebäuden Ausstellungen und Konzerte (Programminformation s. Website). Ein Wandel durch die ehemalige Krankenhausanlage mutet an wie ein Spaziergang durch ein Märchenparadies für Erwachsene. Was der Baumeister hier an Farben und Formen zelebriert, ermuntert, verzaubert und führt beim Staunen zur Selbstvergessenheit. Architektur als Therapie!

CAFÉPAUSE

Entlang der Avinguda de Gaudí und am Eingang des Recinte Modernista wimmelt es von Terrassencafés. Meine Favoriten: das **Cafè 1902** am Eingang des alten Hospitals und das **Forn de Pa i Cafetería Puiggros** (Av. de Gaudí, 77) wegen der vielen frisch gebackenen Sachen.

INFOS/ÖFFNUNGSZEITEN

Sagrada Família 1: C/ Mallorca, 401, T 935 13 20 60, www.sagradafamilia.cat, Nov.–Febr. tgl. 9–18, März/Okt. bis 19, April–Sept. bis 20 Uhr, Basispreis 15 €, mit Audioguide 22 €, als geführte Tour 24 €, Preisnachlass für Rentner und Studenten

Sant Pau Recinte Modernista 2: C/ Sant Antoni Maria Claret, 167, T 935 53 78 01, www.santpaubarcelona.org, Nov.–März Mo–Sa 10–16.30 (April–Okt. bis 18.30), So/Fei 10–14.30 Uhr, 10 €, geführt 16 €, Ermäßigungen für Jugendliche und Rentner

KULINARISCHES FÜR ZWISCHENDRIN

La Paradeta Sagrada Família 1: Passatge Simó, 18, T 934 50 01 91, www.laparadeta.com, Di–So 13–16, 20–23.30 Uhr. Einer der mittlerweile sechs Ableger des gastronomischen Erfolgskonzepts aus dem Born-Viertel: Fisch und Meeresfrüchte am Marktstand aussuchen, nach Gewicht bezahlen und in der Küche zubereiten lassen.

Cityplan: J 3 | **Metro**: Sagrada Família

Noch mehr Gaudí –
Jugendstil am Passeig de Gràcia

 # 8

Die heute viel bestaunten Modernisme-Bauten am Passeig de Gràcia mussten während ihrer Bauzeit Anfang des 20. Jh. viel Hohn und Spott über sich ergehen lassen. Gaudís Casa Milà, sein letzter und größter Privatbau, wird auch schlicht ›La Pedrera‹, der Steinbruch, genannt.

Das Eixample (wörtl. Erweiterung) mit den großen Boulevards Passeig de Gràcia und Rambla de Catalunya wurde in der zweiten Hälfte des 19. Jh. von dem Ingenieur Ildefons Cerdà als Wohngegend des vornehmen Barcelona entwickelt. Hier ließen sich Kolonialherren und das aufstrebende Industriebürgertum standesgemäß große Casas bauen. Gebäude wie La Pedrera (Casa Milà), Casa Batlló oder Casa Amatller hei-

Eine laue Sommernacht, eine Schale Cava in der Hand, gute Musik im Ohr, und das alles auf dem Dach der Pedrera (Casa Milà): Was will man mehr?

#8 Jugendstil am Passeig de Gràcia

ßen noch heute wie ihre ursprünglichen Bauherren. Die dazu passende Infrastruktur geizt nicht mit Nobelshops, Luxushotels und -restaurants, Cafés und Bars.

Internationaler und katalanischer Jugendstil

Wenn Sie diesen Spaziergang an der zentralen **Plaça de la Universitat** beginnen, lohnt gleich eine Stippvisite in der **Alten Universität** 1, in der 1871 erstmals Vorlesungen stattfanden. Das Gebäude entpuppt sich im Innern als Kleinod mit begrünten stillen Patios und Gärten. Vom Haupteingang in der Gran Via de les Corts Catalanes, 585 sind es zum **Museu del Modernisme Barcelona** 2 nur ein paar Schritte. Sie können sich in diesem Museum auf das einstimmen, was Ihnen im Eixample in Hülle und Fülle begegnen wird: den Modernisme als katalanischen Jugendstil.

Wer ist die Schönste im ganzen Land?

Drei Casas, viele Geschmäcker: Das Ensemble der Häuser Lleó Morera, Amatller und Batlló versammelt die Architekten Gaudí, Domènech i Montaner und Puig i Cadafalch als Dreigestirn des Modernisme. Die anhaltende Uneinigkeit über die schönste dieser drei Casas hat aus dem Ensemble die *manzana de la discordia* gemacht, einen ›Zankapfel‹. Die **Casa Lleó Morera** 3 kommt als Eckhaus mit der Hausnummer 35 zuerst in den Blick. Eine Innenbesichtigung ist in dem 1902 bis 1906 von Lluís Domènech i Montaner gestalteten Haus nicht möglich. An der Fassade wird offenkundig, dass der Stil Domènech i Montaners dem mitteleuropäischen Jugendstil durch das verspielte und leicht wirkende Dekor am nächsten kommt.

Ein paar Schritte weiter erkennen Sie die **Casa Amatller** 4 durch den Treppengiebel, den der Architekt Josep Puig i Cadafalch öfter als Stilmittel einsetzte. Hier baute er 1898–1900 das Wohnhaus des Schokoladenfabrikanten Antoni Amatller um. Reiche Verzierungen an der Fassade, die sich im Inneren fortsetzen, spielen mit maurischer Keramik und aufwendigen Holzarbeiten. Das Bauwerk ist im Rahmen von Führungen zu besichtigen, aber auch bei einer Tasse Kaffee im frei zugänglichen ›Haus-Café‹ **Faborit** 1 vermittelt sich der Stil der Innenraumgestaltung.

ÜBRIGENS

Gaudí haben: Möchten Sie sich mit originalgetreuen Nachbauten von Gaudís Möbeln einrichten? Im deutschsprachig geführten Laden **BD Ediciones** finden Sie Gelegenheit dazu (C/ Ramon Turró, 126, Poblenou, Online-Auswahl unter http://bdbarcelona.com/es/autor/8).

Jugendstil am Passeig de Gràcia *#8*

Es folgt die **Casa Batlló** 5. Das Stadtpalais des Textilfabrikanten Josep Batlló i Casanova wurde zwischen 1905 und 1907 von Antoni Gaudí errichtet. Die höhlenhaft gestaltete Fassade nimmt als zentrales Motiv die Allegorie vom Drachentöter St. Georg auf. Zu besichtigen sind die Wohnräume der Familie Batlló, die Dachterrasse und der Innenhof.

Bummel zur Pedrera

Die schlechteste Art, sich in Barcelona zu bewegen, ist, von A nach B die kürzeste Strecke zu wählen. Man verpasst dabei einfach zu viel. Deshalb gehen wir auf Umwegen zur La Pedrera (Casa Milà). Den Anfang macht von der Casa Batlló aus ein Abstecher zur **Fundació Tàpies** 6. Das Gebäude mit dem großen Drahtknäuel auf dem Dach wurde von Domènech i Montaner 1880 als Frühwerk errichtet. Seit den 1980er-Jahren ist das Haus ein Ausstellungsgebäude und Sitz der Tàpies-Stiftung. Der international hoch gehandelte Künstler Antoni Tàpies (von dem auch die Drahtwolke auf dem Dach stammt) war ein Sohn der Stadt und überzeugter Katalane. Er starb 2012 im Alter von 88 Jahren. Mehr als 800 seiner Werke, die oft mit Chiffren, Zeichen und krudem Material zwischen Gemälden, Collagen und Objektkunst oszillieren, sind in den schlicht-eleganten Räumen

Naturnähe und wenig Lust auf rechte Winkel: An der Casa Batlló hat Antoni Gaudí seine zentralen Gestaltungsprinzipien einmal mehr facettenreich umgesetzt. An der Außengestaltung waren außerdem die Bildhauer Joan Beltran, Josep Llimona, Carles Maní i Roig, Joan Matamala i Flotats und Llorenç Matamala i Pinyol beteiligt. Die Keramiken stammen von Sebastià Ribó.

#8 Jugendstil am Passeig de Gràcia

ausgestellt. Auf der anderen Straßenseite erinnert uns der schöne Einrichtungsladen **Taimo** 🛍 daran, dass wir uns in der vornehmsten Shopping-Gegend der Stadt befinden. Entlang der Bummelstraße Rambla de Catalunya. gehen wir bis zur Carrer Mallorca. Links eingebogen, sind es dort nur ein paar Meter bis zu dem schönen Buchgeschäft und Café **La Central** ❷, einem sehr angenehmem Pausenplatz. Von dort aus sind Sie dann schnell bei Gaudís Prachtbau La Pedrera.

INFOS/ÖFFNUNGSZEITEN

Universitat de Barcelona ❶: Gran Via de les Corts Catalanes, 585
Museu del Modernisme Barcelona ❷: C/ de Balmes, 48, www.mmbcn.cat, Di–Sa 10.30–19, So bis 14 Uhr, 10 €, erm. 7 €
Casa Lleó Morera ❸: Pg. de Gràcia, 35, www.casalleomorera.com, keine Innenbesichtigung möglich
Casa Amatller ❹: Pg. de Gràcia, 41, www.amatller.org, tgl. 11–18 Uhr, Führungen alle 30 Min. bis 13 und wieder ab 15.30 Uhr, 15 €, erm. 13,50 €
Casa Batlló ❺: Pg. de Gràcia, 43, www.casabatllo.cat, tgl. 9–21 Uhr, 22,50 €, erm. 19,50 €; Juni–Sept. ›Noches Mágicas‹ (Musik auf der Terrasse der Beletage) Mi–Sa ab 21 Uhr oder ab 20 Uhr mit Besichtigung des Hauses, 36 € inkl. Besichtigung und 2 Getränke, 29 € ohne Terrasse inkl. 2 Getränke
Fundació Antoni Tàpies ❻: C/ d'Aragó, 255, www.fundaciotapies.org, Di–So 10–19 Uhr, 7,50 €, erm. 5,60 €
La Pedrera ❼: Pg. de Gràcia, 92 bzw. C/ Provença, 261–265, www.lapedrera.com, Nov.–Febr. tgl. 9–18.30, März–Okt. bis 20 Uhr, 7.–13. Jan. geschl., Tagesticket (»La Pedrera de dia«) 27 €, Kinder bis 12 Jahre 10,25 €; besonders reizvoll sind die Mitte Aug.–Mitte Sept. auf dem Dach der Pedrera stattfindenden musikalischen ›Sommernächte‹ mit wechselnden Jazzformationen: Fr/Sa 20.30–22.30 Uhr, Eintritt inkl. einem Glas Cava und Besichtigung 30 €. Näheres zu Tickets (am besten online buchen, um stundenlanges Schlangestehen zu vermeiden) und Programm s. Website
Parròquia de la Puríssima Concepció ❽: C/ d'Aragó, 299, www.parroquiaconcepciobcn.org
Taimo 🛍: C/ d'Aragó, 266, T 932 15 78 51, Mo–Sa 10–14, 16.30–20.30 Uhr

KULINARISCHES FÜR ZWISCHENDRIN

Faborit ❶: Pg. de Gràcia, 41, T 934 67 36 43, www.faborit.com, Mo–Fr 8–22, Sa/So 8.30–20 Uhr
La Central ❷: C/ Mallorca, 237, www.lacentral.com, Mo–Sa 10–21 Uhr

Cityplan: F/G 3/4 | **Metro**: Diagonal

Jugendstil am Passeig de Gràcia #8

Gaudí von oben bis unten: La Pedrera

Das Glanzstück des Modernisme am Passeig de Gràcia, 92 ist unter dem Namen **La Pedrera** 7 ebenso bekannt wie unter dem Namen **Casa Milà**, nach der Familie, für die Gaudí zwischen 1906 und 1910 letztmals ein großes Privathaus errichtete und ausstattete, bevor er sich ganz dem Kirchenbau der Sagrada Família widmete. Dass dieses Haus sehr viel zu erzählen hat und an vielen Details staunen macht, lässt den hohen Eintrittspreis verschmerzen. Besichtigungen verlaufen hier immer von oben nach unten. Man nimmt den Fahrstuhl und landet auf dem wellenförmigen Dach, auf dem die Schornsteine wie zu Stein gewordene Soldaten aussehen. Hier oben in einer lauen Sommernacht mit einer Schale Cava Livejazz-Klängen zu lauschen gehört zum Schönsten, was sich in Barcelona unternehmen lässt. Der Dachboden (Espai Gaudí) ist als Dokumentations- und Schauraum zur Arbeitsweise Gaudís eingerichtet.

Lieber Maler, male mir ein Bild von ihr … Die Pedrera (dt. Steinbruch) ist klar einer von Barcelonas spektakulärsten Blickfängen.

»Ein aufrechter Baum; er trägt Äste und diese die Zweige und diese die Blätter. Und jedes einzelne Teil wächst harmonisch, großartig, seit der Künstler Gott selbst ihn geschaffen hat. Dieser Baum braucht keine äußere Hilfe. Alle Dinge sind in sich ausbalanciert. Alle Dinge sind im Gleichgewicht.« Mit diesen Worten gab Antoni Gaudí (1852–1926) seinen naturbezogenen Umgang mit dem Bauen zu erkennen. Parabolbögen, pilzförmige Kapitelle, hängende Gewölbe und ›eingeschlossene‹ Säulen – all dies hat Gaudí mit La Pedrera umgesetzt. Das seit 1984 zum Weltkulturerbe der UNESCO gehörende Gebäude hat keine tragenden Wände, sein ganzes Gewicht lastet auf Säulen und Trägern. Das im vierten Stock gelegene **Pis de la Pedrera** präsentiert eine vollständig und zeittypisch eingerichtete Wohnung des frühen 20. Jh. Die erste Etage, einst als *planta noble* von der Familie Milà bewohnt, wird seit 1992 als Ausstellungsfläche genutzt.

Witziger Zufall: Bei meinem letzten Besuch des Camp Nou saß ich neben einer Dame, die mir interessanter schien als das Match auf dem Rasen. Wir kamen ins Gespräch, und sie entpuppte sich als Frau Milà, Urenkelin des Bauherrn der Casa Milà. Bis heute, so erfuhr ich, prägt die Familie die Geschicke der Stadt mit.

> UM DIE ECKE

Von der Casa Batlló aus führt die Carrer d'Aragó nach Überqueren des Passeig de Gràcia zur **Parròquia de la Puríssima Concepció** 8. Zu der Kirche gehört ein schöner romantischer Kreuzgang, den Sie durch einen Eingang in der Straße Roger de Llúria, 70, erreichen.

Das Dorf in der Stadt – **Gràcia**

Für den Schriftsteller Eduardo Mendoza ist die Plaça de la Virreina in Gràcia ein Lieblingsort. Möchten Sie wissen, warum? Der Schauspieler Daniel Brühl flaniert gern im Wohnviertel seiner Kindheit. Möchten Sie eines seiner dortigen Lieblingslokale kennenlernen? Kommen Sie mit auf einen Bummel durch das Viertel, das nicht so richtig in Barcelona aufgehen will.

Fronleichnam irgendwie auf den Kopf gestellt: An dem Kirchenfeiertag sind die Böden der Straßen bunt geschmückt, bei der Fiesta Mayor de Gràcia sogar die Luft.

Im 19. Jh. war Gràcia mit etwa 60 000 Einwohnern die neuntgrößte Stadt Spaniens. Die eigene Identität ging jedoch mit der Eingemeindung in die Stadt Barcelona im Jahr 1897 nicht verloren. Noch heute gibt es hier ein eigenständiges Gemeinwesen, das sich in der jährlichen **Fiesta Mayor de Gràcia** (15.–21. Aug.) in den bunt geschmückten Straßen und Bars ebenso ausdrückt

wie in den Gesprächen über Gott und die Welt an den Ständen des **Mercat de la Llibertat** 1. Das 1888 errichtete und 2007–09 komplett renovierte Jugendstilgebäude ist eine Augenweide. Gleiches gilt für das am Markt gelegene, sehr populäre Restaurant **La Pubilla** 1, das Daniel Brühl wegen der marktfrischen Küche und der hemdsärmeligen Atmosphäre zu seinen Favoriten in Barcelona zählt.

Schöne Ziele und nicht weniger schöne Wege

Vom Markt aus in Richtung Innenstadt heißt die nächste Querstraße Travessera de Gràcia. Wir biegen auf dieser Straße links ab und schauen kurz in den kleinen Shop **Ada** 1 bei der Hausnummer 108 wegen der attraktiven Damenmode, die es dort gibt. Nach ein paar Querstraßen führt die Carrer dels Xiquets de Valls zur **Plaça del Sol** 2 mit dem **Café del Sol** 2, beides beliebte Treffpunkte des Viertels. Eine Straßenecke weiter biegen wir in die

▶ LESESTOFF

Der international renommierte deutsche Schauspieler **Daniel Brühl**, der 1978 als Daniel César Martín Brühl González in Barcelona geboren wurde und hier aufwuchs, wandert einen ganzen Tag durch seine Heimatstadt Barcelona und erlebt manch skurrile Begegnung: Daniel Brühl (mit Javier Cáceres): »Ein Tag in Barcelona« (Ullstein, Berlin 2012).

INFOS/ÖFFNUNGSZEITEN

Mercat de la Llibertat 1: Pl. de la Llibertat, 27, www.mercatsbcn.cat, Mo–Fr 8–20.30, Sa 8–15 Uhr
Casa Vicens 5: C/ de les Carolines, 18–24, http://casavicens.org

KULINARISCHES FÜR ZWISCHENDRIN

La Pubilla 1: Pl. de la Llibertat, 23, T 932 18 29 94, www.lapubilla.cat, tgl. 8–0.30 Uhr
Café del Sol 2: Pl. del Sol, 16, tgl. 10–1 Uhr
Virreina 3: Pl. de la Virreina, 1, Mo–Fr 9–1, Sa 10–2, So 10–24 Uhr
Salambó 4: C/ Torrijos, 51, Mo–Do 12–1, Fr/Sa bis 3, So bis 24 Uhr

EINKAUFSBUMMELN

Ada 1: Travessera de Gràcia, 108, www.adabarcelona.com, Mo–Sa 11–15, 17–21 Uhr
Espai [b] 2: C/ Torrent de l'Olla, 158, www.espaib.com, Mo–Sa 17–20 Uhr
Olokuti 3: C/ d'Astúries, 36–38, www.olokuti.com, Mo–Do 10–21.30, Fr/Sa bis 22 Uhr
Modart 4: C/ d'Astúries, 34, www.modart.es, Mo–Sa 11–14, 17–20.30 Uhr
José Rivero 5: C/ d'Astúries, 43, http://joseriverobarcelona.com, Mo–Sa 11–14, 17–21 Uhr

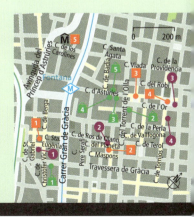

Cityplan: F/G 1/2 | **Metro:** Fontana

#9 Gràcia

S SWING

Ein schönes auf der Plaça del Diamant aufgezeichnetes YouTube-Video lässt erkennen, wie in Gràcia der Swing (und an anderen Orten in der Stadt) blüht. Öffentliche Aufführungen sind im Kalender des Swing-Verbands Barcelona verzeichnet (▶ S. 108) (www.bcnswing.org, www.youtube.com/watch?v=lMwb-brpaUg).

Carrer del Torrent de l'Olla, der wir nach oben folgen, bis rechts die Galerie **Espai [b]** 🛒 auftaucht. Hier wird seit 2003 zeitgenössische Kunst ausgestellt, zumeist Malerei und Zeichnung. Nach einigen Metern verdient die Carrer d'Astúries Beachtung. Links in die Straße eingebogen, sollten Sie bei Hausnummer 36–38 den Öko- und Fairtradeladen **Olokuti** 🛒 nicht übersehen, weniger wegen des Sortiments, sondern wegen des begrünten Innenhofs mit seinem Gartenmöbelangebot. Gleich daneben ziehen die Entwürfe der Modedesignerin Carme Trias an. In dem Shop **Modart** 🛒 finden Sie festliche Kleider ebenso wie elegante Tageskleider für Frauen. Ein paar Schritte weiter zeigt der Designer **José Rivero** 🛒 farbenfrohe und lässige Mode für Frauen und Männer.

Im weiteren Verlauf der Straße streifen wir die **Plaça del Diamant** 3, die als idyllischer Dorfplatz durch Mercè Rodoreda zu literarischem Ruhm gekommen ist. Der nach dem Platz benannte Roman spielt im Spanischen Bürgerkrieg. Er fesselt als Zeitzeugnis seine Leser noch heute durch seine stille Eindringlichkeit und wurde in mehr als 20 Sprachen übersetzt. Ein paar Ecken weiter folgt die **Plaça de la Virreina** 4, die es dem katalanischen Schriftsteller Eduardo Mendoza ganz besonders angetan hat. Sie sei sein Lieblingsplatz in Gràcia, vor allem deshalb, weil er sich nicht so aufgemotzt und überdekoriert zeige. Dem Autor einiger guter Barcelona-Bücher (allen voran »Die Stadt der Wunder« als Erzählung über das frühe 20. Jh. in Barcelona, seine wirtschaftliche Umstrukturierung und die Entstehung neuer Gesellschaftsformen) gefällt es, dass die Gestaltung dieses Platzes nicht nach Schönheit schiele, sondern eine ungekünstelte Harmonie und Ausgeglichenheit zum Ausdruck bringe. Die am Platz gelegene Bar **Virreina** 3 und die Bar **Salambó** 4 in der nahen Carrer Torrijos sind lange schon die beliebtesten Ausruh- und Plauderplätze in dieser Gegend.

→ UM DIE ECKE

Die **Casa Vicens** 5 gilt als erstes wichtiges Bauwerk von Gaudí. Bisher war das Gebäude nur von außen zu besichtigen. Das soll sich nun ändern: Für 2017 ist hier die Eröffnung eines Gaudí-Museums geplant.

Schöner Scherbenhaufen – **Park Güell**

 # 10

Nach bescheidenen Anfängen zeigt die Erfolgskurve des 1900–14 angelegten Parks hoch über der Stadt heute steil nach oben. Die 1890 von Gaudí im Auftrag seines Mäzens Eusebi Güell geplante Gartenstadt fand für die 60 ausgeschriebenen Häuser keine Käufer. Statt der vorgesehenen Symbiose aus Natur und Wohnen schlug das Pendel eher in Richtung Natur aus. »Ist doch schön so«, dachte sich die UNESCO und machte 1984 ein Weltkulturerbe daraus.

Ja, man bezahlt seit 2013 Eintritt für den Bereich des **Park Güell** 1, in dem Gaudís Bauwerke stehen. Das ist auch nicht als Geschäftemacherei zu verstehen, sondern als Regulierungsversuch gegenüber touristischen Massen, die den Park in den Vorjahren überschwemmten. Der drumherum

Beim Blick über die Stadt von den geschwungenen Gartenbänken des Park Güell wähnt man sich fast wie in einem Fantasy-Film.

#10 Park Güell

angelegte Park Güell gehört ebenfalls zu der Anlage und kann ohne Sperrstunde kostenlos besucht werden. Von hier aus lässt sich der Panoramablick über die Stadt genießen und die Bauweise des naturbesessenen Architekten an Viadukt-Reihen bestaunen. Gaudí verzichtete bei der Anlage des Parks auf große Erdbewegungen und passte seine Pläne dem hügeligen Terrain an. Dabei verwende-

INFOS/ÖFFNUNGSZEITEN

Park Güell 1: Carrer d'Olot, www.parkguell.cat, Zona Monumental (Bereich mit Gaudí-Bauwerken): 30. Okt.–26. März tgl. 8.30–18.15, 27. März–1. Mai 8–20.30, 2. Mai– 28. Aug. 8–21.30, 29. Aug.–29. Okt. 8–20.30 Uhr, letzter Einlass 1 Std. vor Schließung. Eintritt in den Kernbereich 8/online 7 €, erm. 5,60/4,90 €. In der Zona Monumental werden max. 400 Pers. für eine Besichtigungszeit von 30 Min. eingelassen. Um langes Warten zu vermeiden, rate ich Ihnen zur Online-Reservierung.
Casa Museu Gaudí 2: Park Güell – Carretera del Carmel 23A, T 932 19 38 11, www.casamuseugaudi.org, Okt.–März tgl. 10–18, April–Sept. 9–20, 25./26. Dez. und 1., 6. Jan. 10–14 Uhr, 5,50 €, erm. 4,50 €

Turó de la Rovira/Bunkers del Carmel 3: C/ Marià Lavèrnia, s/n, www.museuhistoria.bcn.cat/ca, Taxi oder Buslinie V17 (ab Haltestelle Llúria/Urquinaona; Ausstieg Gran Vista, Turó de Rovira), Mi, Fr 16.30–20.30, Sa/So 10.30–14.30, 16.30–20.30 Uhr, freier Zugang

KULINARISCHES FÜR ZWISCHENDRIN

Essen und Trinken würde ich in der Nähe des Parks nicht. Wenn Sie doch um die Mittagszeit hungrig sind, winkt nach etwa 10 Min. Fußweg in der Bar **CASI** 1 (C/ Massens, 70, T 932 19 81 14, keine Website, aber nette Werbetafel »We speak poor English, but we cook very well!«) ein gutes Mittagessen unter Einheimischen für etwa 9 €.

Cityplan: Karte 4 | **Metro:** Lesseps oder Valcarca

te er viele Stützmauern und die genannten Arkadengänge, die sich sehr organisch in das Gelände fügen. Außerhalb der musealen Zone liegt auch Gaudís ehemaliges Wohnhaus, in dem schon länger ein **Gaudí-Museum** 2 eingerichtet ist. Der zweite wichtige Hinweis: Wenn es schwerfällt, längere Anstiege zu Fuß zu gehen, sollten Sie für die Anreise besser den Bus 24 oder ein Taxi nutzen.

Freilichtmuseum Zona Monumental

Das K im Schriftzug ›Park Güell‹ entspricht der englischen Schreibweise und verrät, dass Bauherr Eusebi Güell mit dieser Parkanlage englischen Vorbildern nacheiferte. Zur Anlage sollten ein großer Markt und ein zentraler Forumsplatz gehören. Was Gaudí und seine Helfer daraus machten, wurde zwar keine Gartenstadt, aber ein Wunderwerk märchenhafter Baukunst. Den Haupteingang des eintrittspflichtigen Bereichs flankieren zwei von Gaudí gebaute Verwaltungs- bzw. Pförtnerhäuser, die mit ihren skurrilen Dachaufbauten an Schneewittchen und die sieben Zwerge denken lassen. Über eine reich gestaltete Mosaiktreppe erreichen Sie die Sala Hipóstila, die zur Bauzeit als Markthalle gedacht war. Sie wird von 84 dorischen Säulen getragen und beeindruckt mit ihren Deckenmedaillons aus zerbrochenem Geschirr, Porzellanpuppen, Flaschen, Sektgläsern, Aschenbechern und Blumentöpfen als lebendiges Spiel aus Farben und Formen. Das Flachdach der Halle ist als großer Forumsplatz gestaltet, schlangenförmig umzäunt von Sitzbänken, die Gaudí auch als ›Rest-Art‹-Objekte mit Scherbenmosaiken verschönert hat. Unterhalb des Platzes liegt mit Blick zur Stadt rechts die **Casa Larrard,** ein Herrenhaus, das Eusebi Güell für sich selbst errichten ließ (heute Schule).

Gaudís Mosaikarbeiten sind zumeist aus Abfällen gefertigt. Er nahm dazu Bruchglas, Abrissreste, kaputte Ziegel und andere Reste. Der Begriff ›Rest-Art‹ wurde allerdings erst viel später geboren.

 UM DIE ECKE

Nicht weit entfernt, aber von der Innenstadt aus mit dem Bus einfacher zu erreichen: Die aus dem Spanischen Bürgerkrieg gebliebene Flugabwehranlage **Turó de la Rovira/Bunkers del Carmel** 3. Zum einen nehmen viele Leute den Weg dorthin auf sich, um beim Picknick das grandiose Panorama ohne zeitliche Beschränkung zu genießen. Zum andern gibt es dort museal angelegte Bereiche mit geschichtlichen Erläuterungen zum Bürgerkrieg.

#11

Aufgemöbelte Armut – **das Raval-Viertel**

Am Hinterausgang des Boqueria-Marktes fand das noble Barcelona noch bis vor zwei, drei Jahren sein abruptes Ende. Hier begann neben Abfallcontainern eine ärmere Welt. Das hat sich glücklicherweise geändert. Das ›Armenhaus‹ der Stadt wurde in den letzten 20 Jahren mit Kunst, Kultur und Kneipen vielerorts aufgemöbelt. Von einer flächendeckenden Sanierung zu sprechen wäre aber übertrieben. Das Viertel hat in letzter Zeit aufgeholt und lockt mit einigen sehenswerten Highlights, ist aber immer noch ein wenig der Wohnort von Barcelonas ›Schmuddelkindern‹.

Auf Mäusejagd mit dem fetten Kater von Fernando Botero an den Rambles del Raval

Raval-Viertel *#11*

Der beeindruckende Museumsbau von Richard Meier, das **Museu d'Art Contemporani de Barcelona** 1, legte sich in den 1990er-Jahren wie ein weißer Luxusliner in das Meer der Armut, aber es vermittelte wirksame Veränderungsimpulse. In der Folge erhielt das Raval seine eigenen Rambles mit Bars und Cafés. Dem Ruf der Kunst folgten Galerien, Buchläden und Vintage-Shops. Das Quartier nahm zumindest stellenweise den Charakter eines Boheme-Viertels an. Den Sammlungs- und Ausstellungsschwerpunkt des MACBA bilden katalanische Künstler. Mittlerweile gehören auch die benachbarte ehemalige Kirche des **Convent dels Àngels** (16. Jh.) mitsamt dem mittelalterlichen Klosterkomplex als Ausstellungs- und Veranstaltungsflächen zum Museum. Zwischen dem modernen Richard-Meier-Bau und dem gotischen Komplex liegt die Plaça dels Àngels als Treffpunkt der internationalen Skaterszene.

Neben dem Museum residiert das **Centre de Cultura Contemporània de Barcelona** 2 im ehemaligen ›Haus der Barmherzigkeit‹. Wo einst Armenspeisungen ihren Platz hatten, gibt es heute Ausstellungen, Konzerte und Tanzaufführungen. Der Innenhof des CCCB fasziniert durch einen kühn an der Gebäudefassade angebrachten Großspiegel, der das Himmelsblau zum Wandgemälde macht.

Lebendige Szene

Von dort aus sind es nur wenige Gehminuten zur Carrer Elisabets, wo sich die Bar **Elisabets** ❶ seit 1962 gegen 14 Uhr wegen der preiswerten Hausmannskost füllt. Einige Schritte weiter lohnt der Blick in die renommierte Buchhandlung **La Central del Raval**, die im Gemäuer einer barocken Kapelle ihren Platz hat. Im weiteren Verlauf können Sie sich einen Eindruck davon verschaffen, wie eine erfolgreiche Schuhmarke auch in der Hotellerie mitmischt (Camper, C/ Elisabets, 11, ▶ S. 87). Durch die Carrer del Dr. Dou gehen wir nach ›unten‹, was in der Innenstadt Barcelonas immer Richtung Hafen bedeutet. In diesem Sträßchen haben Feinschmecker, besonders Vegetarier, die Wahl: Im **En Ville** ❷ herrscht ein unaufdringlich gehobener Stil bei feiner Küche. Und das **Biocenter** ❸ um die Ecke gehört schon lange zu den ersten Feinschmeckereien für Vegetarier.

Im Jahr 1909 war das Raval-Viertel ein Brennpunkt der **Setmana tràgica** (›tragische Woche‹), einer Serie blutiger Konfrontationen zwischen der von Anarchisten und Radikalrepublikanern unterstützten Arbeiterklasse. Die angestaute Wut der Besitzlosen richtete sich vor allem gegen die reiche und machtvolle Kirche. In besagter Woche wurden in Barcelona zwölf Kirchen, 40 Konvente und 24 weitere kirchliche Einrichtungen in Brand gesetzt.

#11 **Raval-Viertel**

Vom Krankenhaus zur Designschule

Die nächste Querstraße heißt Carrer del Carme. Ihre Boutiquen, Designläden, Cafés und Bars machen sie belebt und beliebt. Von da aus gelangen Sie durch die Gärten des Antic Hospital Santa Creu (Passatge de l'Hospital) bequem zur Carrer de l'Hospital. Das im 15. Jh. eröffnete Krankenhaus **Antic Hospital Santa Creu** 3 soll damals zu den besten europäischen Behandlungsstätten gehört haben. Hier wurde Antoni Gaudí am 7. Juni 1926 aufgenommen, nachdem er bei einem Spaziergang von einer Straßenbahn erfasst worden war. Er überlebte den Unfall nicht. Heute haben hier die Katalanische Nationalbibliothek und die Kunst- und Designschule Escola Massana ihren Platz. Im Laden **Curtidos pinós** 2 ist seit fünf Generationen das Gerberei-Handwerk zu Hause mit einem attraktiven Angebot an Lederartikeln.

Entlang der Rambla del Raval geht's zum Film

Die Carrer de l'Hospital führt zum Kopfende der Rambla del Raval, die erst 2000 eingeweiht wurde. Der Abriss von mehr als 100 Häusern durchlüftete das Raval und sorgte für den palmenbewachsenen 300 m langen Flanierweg. Zu den populären Anrainern zählen die **Taverna del Suculent** 4 und das **Café de les Delicies** 5. Die überdimensionale Katzenskulptur des Kolumbianers Fernando Botero auf dem Mittelstreifen der Rambla ist vielleicht ein Fingerzeig darauf, dass Katzen hier immer eine reiche Beute an Mäusen und Ratten machen. Der Deutsche Wolfgang Striebinger, der schon Jahrzehnte im Raval lebt, suchte sich nicht zufällig

> ▶ **LESESTOFF**
>
> **Der kurze Sommer der Anarchie** ist Hans Magnus Enzensbergers eindrückliche Schilderung des Anarchosyndikalismus in Barcelona im Kampf für eine bessere Welt. Der Roman handelt vom Leben und Sterben des spanischen Metallbauers Buenaventura Durruti (▶ S. 29), der nach einer militanten und abenteuerlichen Jugend zur Schlüsselfigur der spanischen Revolution von 1936 wurde (Suhrkamp, Frankfurt/M. 1972).

Zeitgenössische Kunst ist neben anspruchsvollem Kino eines der großen Themen im Raval.

Raval-Viertel #11

INFOS/ÖFFNUNGSZEITEN

Museu d'Art Contemporani de Barcelona (MACBA) 1: Pl. dels Àngels, 1, T 934 81 33 68, www.macba.cat, Mo, Mi, Do, Fr 11–20, Sa 10–20, So/Fei 10–15 Uhr, Sammlung 10 €, unterschiedliche Ermäßigungen

Centre de Cultura Contemporània de Barcelona (CCCB) 2: C/ Montalegre, 5, T 933 06 41 00, www.cccb.org, Di–So 11–20 Uhr, 6 €, erm. 4 €

Sant Pau del Camp 4: C/ Sant Pau, 101, T 934 41 00 01, www.arquebisbatbarcelona.cat/node/443, Kreuzgang Mo–Sa 10–13.30, 16–19.30 Uhr, 3 €

Filmoteca de Catalunya : Pl. Salvador Seguí, 1–9, T 935 67 10 70, www.filmoteca.cat, Filmvorführungen (oft OmU, 4 €, erm. 3 €) und Ausstellungen zur Filmgeschichte (gratis)

KULINARISCHES FÜR ZWISCHENDRIN

Elisabets 1: C/ Elisabets, 2, T 933 17 58 26, keine Website, Mo–Sa 8–23 Uhr, Tagesessen ca. 11 €

En Ville 2: C/ Doctor Dou, 14, T 933 02 84 67, www.envillebarcelona.es tgl. 13–16, Di–Sa auch 20–23.30 Uhr, So, Mo abends geschl., Menü ab 25 €

Biocenter 3: C/ Pintor Fortuny, 25, www.restaurantebiocenter.es, T 933 01 45 83, Mo–Fr 9–23, Sa 13–23.30, So 13–16 Uhr

Taverna del Suculent 4: Rambla del Raval, 39, T 933 29 97 07, tgl. außer Mi 13–24 Uhr

Café de les Delicies 5: Rambla del Raval, 47, T 934 41 57 14, So–Do 12–1, Fr/Sa bis 3 Uhr

---

EINKAUFSBUMMELN

La Central del Raval 1: C/ Elisabets, 6, www.lacentral.com, Mo–Sa 10–21 Uhr

Curtidos pinós 2: C/ Hospital, 79, curtidospinos.com, Mo–Fr 8–15 Uhr

Cityplan: E/F 5/6 | **Metro:** Liceu oder Catalunya

---

dieses Viertel aus, um hier in der Nähe das ›Chiringuito de Dios‹ (dt. Imbissbude Gottes) zu eröffnen. Obdachlose essen dort umsonst. Am unteren Ende der Rambla führt die Carrer de Sant Pau links zur **Filmoteca de Catalunya** , mit vielen Themenreihen ein Anziehungspunkt für Cineasten.

→ UM DIE ECKE

Die Kirche **Sant Pau del Camp** 4 mit einem zauberhaften Kreuzgang und Garten ist eines der wenigen erhaltenen romanischen Bauwerke in Barcelona. Im 10. Jh. wurde sie auf freiem Feld errichtet, wie der Namenszusatz verrät.

12

Wundertüten der Nacht – **Sala Apolo & Co.**

»Die Nacht ist nicht allein zum Schlafen da!« Kaum eine andere europäische Metropole macht diesem Schlager so viel Ehre wie unsere Titelheldin. Und hier am Straßenzug Paral.lel fing alles an. Mit der Elektrizität, die Barcelonas Nächte seit Ende des 19. Jh. beleuchten, kamen Ballsäle, Bühnenshows, Leuchtreklamen …

Menü am seidenen Faden? Bis man sich an seinen Tisch in der Tapas-Bar Tickets setzen kann, können mitunter zwei Monate vergehen.

Gleich bei der heutigen Metrostation Paral.lel öffnete 1898 das **Teatre Victòria** ❶. Neun Jahre später folgte das Teatre Apolo, heute als **Sala Apolo** ❷ ein sehr beliebter Konzert- und Tanzsaal. Dritte im Bunde war 1913 die Varietébühne Petit Moulin Rouge, später **El Molino** ❸. Dazu kamen

Sala Apolo & Co. #12

Cityplan: C–E 5/6 | **Metro:** Paral.lel

INFOS/ÖFFNUNGSZEITEN

Refugi 307 1: C/ Nou de la Rambla, 175, http://museuhistoria.bcn.cat/ca/node/15, So 10.30 Uhr Führung (Engl.), 11.30 Uhr (Span.), 12.30 Uhr (Català), 3,40 €, sonst nur angemeldete Gruppen
Teatre Victòria 2: Paral.lel, 67, www.teatrevictoria.com, Vorstellungen Di–So 21 Uhr, oft Musicals und Varieté
Sala Apolo 2: Nou de la Rambla, 111–113, www.sala-apolo.com, tgl. Programm 21–6 Uhr, Konzerte 10–30 €
El Molino 3: C/ Vilà i Vilà, 99, www.elmolinobcn.com, Do–So
Jazz Si Club 4: C/ Requesens, 2, www.tallerdemusics.com/jazzsi-club, tgl. ab 20 Uhr Jazz und Flamenco, ab 6 €
Bar Marsella 5: C/ Sant Pau, 65, tgl. 22–2.30 Uhr
Casa Amirall 6: C/ Joaquin Costa, 33, http://casaalmirall.com, Mo–Mi 16.30–2, Do–So 12–2.30 Uhr

KULINARISCHES FÜR ZWISCHENDRIN

Tickets 1: Paral.lel, 164, T 932 92 42 53, www.ticketsbar.es, Di–Fr 19–23, Sa auch 13–15.30 Uhr, Tapas ab ca. 5 €
Bodega 1900 2: C/ Tamarit, 91, www.bodega1900.com, Di–Sa 13–22.30 Uhr
Pakta 3: C/ Lleida, 5, www.ca.pakta.es, Di–Fr 19–22, Sa 13–15, 19.30–22.30 Uhr
Hoja Santa 4: Av. de Mistral, 54, www.hojasanta.es, Di–Do 18.30–22.30, Fr, Sa 13–15, 19–22.30 Uhr

die ersten Kinos der Stadt, und bald schon hatte der Paral.lel den Ruf eines ›Broadway Barcelonés‹. Die Terrassen dortiger Abendcafés füllten mehr als 100 m des Bürgersteigs. Im Petit Moulin Rouge traten seinerzeit internationale Showgrößen auf, in den Tanzsälen und Varietés mischten sich Gigolos, Bürger und Banditen. Mit Raquel Meller feierte die Stadt ihr erstes Idol. Eine kleine Statue auf dem nahen, nach ihr benannten Platz erinnert an diese frühe Königin der Nacht.

#12 **Sala Apolo & Co.**

Pop im Ballsaal

Mit seinem Originalinventar aus dem frühen 20. Jh. hat das Apolo die ersten 100 Jahre bravourös überlebt. Die zwei Säle (Sala Apolo und Apolo 2) bieten allabendlich ein attraktives Programm, das von Flamenco-Nächten bis zu Auftritten internationaler Pop-, Soul- und Funk-Gruppen reicht. In der Nachbarschaft wurde 1913 das Varieté Petit Moulin Rouge nach Pariser Vorbild eröffnet. Im Franquismus musste das ›Rot‹ im Namen gestrichen werden. Die Show ging trotzdem weiter. Hinter der denkmalgeschützten modernistischen Fassade des Molino erhebt sich jetzt ein Neubau, der mit Varieté- und Musikveranstaltungen die Tradition fortführt.

Wenn Sie sich mehr Richtung Paral.lel halten, schauen Sie doch im **Jazz Si Club** vorbei, was die hiesigen Freunde des Live-Jazz schon lange tun.

Oder Sie folgen unmittelbar gegenüber der Mühle der Carrer de Sant Pau ins Raval-Viertel. Unter der Hausnummer 65 kehrte schon Ernest Hemingway gerne in seine ›Absinth-Tankstelle‹ mit dem Namen **Bar Marsella** ein. Das Getränk ist dort auch heute noch beliebt. Etwas weiter oben gilt dies auch für die mehr als 100 Jahre alte **Casa Almirall**, eine traditionsreiche Mischung aus Bar, Café und Kleinkunstbühne.

Zauberei am Herd

Dass Nachtleben und das Essen als ›Erlebnis‹ immer näher zusammenrücken, zeigt sich am Paral.lel, 164 besonders im **Tickets**. Das ist die Tapa-Bar des ›Kochweltmeisters‹ Ferran Adrià, der seine Brötchen mit Schäumen, Essenzen und vielerlei anderen Produkten seiner Experimentalküche verdient. Reservierungen sind oft nur viele Wochen im Voraus möglich. Mit etwas Glück findet sich ein Platz, wenn man einfach vorbeischaut.

Wenn Köche etwas Neues ausprobieren, erneuern sie zumeist ihre Speisekarte. Wenn die erfolgsverwöhnten Köche und Brüder Ferran und Albert Adrià neue Ideen haben, machen sie daraus ein weiteres Restaurant. Vier davon gibt es inzwischen auf engstem Raum an Paral.lel und Seitenstraßen: Wenn Sie im **Tickets** keinen Platz bekommen, versuchen Sie es vielleicht einmal in der **Bodega 1900**, im japanisch bekochten **Pakta** oder im mexikanisch ausgerichteten **Hoja Santa**.

> **→ UM DIE ECKE**
>
> Das **Refugi 307**, ein sehenswerter, 200 m langer Luftschutzbunker aus dem Spanischen Bürgerkrieg, wurde 1995 restauriert und für Besucher geöffnet. In den Nachkriegsjahren diente er als Zuflucht bettelarmer andalusischer Gastarbeiter.

Auf dem Zauberberg – **Highlights am Montjuïc**

Haben Sie für Ihren Barcelona-Besuch mehr als zwei Tage? Dann sollten Sie unbedingt den Montjuïc in Ihr Programm einbinden. Herrliche Aussichtspunkte, weitläufige Parks und Gärten, hervorragende Museen, spektakuläre Sport- und Veranstaltungsstätten – alles in lockerer Bauweise über den Berg gestreut. 1929, als Veranstaltungsort von Barcelonas zweiter Weltausstellung, wurde der Berg urbanisiert.

Zwei Campanile markierten den Eingang zur Weltausstellung von 1929 und bilden auch heute noch das große Tor zum Montjuïc. Sofort sichtbar: die Brunnenanlage **Font Màgica** 1 und der **Palau**

Wenn jetzt noch das »Barcelona« von Freddie Mercury und Montserrat Caballé erschallte, wäre das Glück komplett.

#13 **Highlights am Montjuïc**

Nacional als Sitz des **Museu Nacional d'Art de Catalunya** 2 (MNAC). Das musikalisch begleitete Farbspiel der Fontänen hier abends zu erleben ist für Jung und Alt ein Spaß. Der Nationalpalast war das prunkvolle Symbol der Weltausstellung und wurde später zum Museum. Auf seiner Website werden mehr als 2000 Werke vorgestellt! Die Abteilung für romanische Kunst gilt als weltweit größte Sammlung romanischer Wandmalereien. Ein Teil der Kunstsammlung Thyssen-Bornemisza enthält hochrangige Gemälde und Skulpturen der italienischen und deutschen Renaissance sowie des venezianischen Barock.

Am Fuß des Berges: Mies van der Rohe und Caixa Forum

Rechts vom Aufgang zum Palau Nacional übersieht man fast den vergleichsweise kleinen **Pavelló Mies van der Rohe** 3. Der von dem Bauhaus-Architekten Mies van der Rohe (1886–1969) zur Weltausstellung 1929 als Deutscher Pavillon errichtete Bau wurde 1985 originalgetreu rekonstruiert. In seiner klaren Linienführung und zeitlosen Eleganz strahlt das Bauwerk eine angenehme Ruhe aus. Auf der anderen Straßenseite verdient das **CaixaForum** 4 einen ausführlichen Besuch. Der Modernisme-Architekt Josep Puig i Cadafalch errichtete den Bau 1909–11 als Textilfabrik. Außer den Sammlungsbeständen der Fundació la Caixa (eine große Kulturstiftung) präsentiert das Kunstzentrum auch große Wechselausstellungen, Videokunst und musikalische Vorträge. Eine Dauerausstellung widmet sich der Persönlichkeit Puig i Cadafalchs und der Geschichte des Ausstellungsbaus. Keine 5 Min. Fußweg bergauf liegt das **Poble Espanyol** 5, eine weitere Attraktion der Weltausstellung. Ein Spaziergang durch das ›Spanische Dorf‹ führt zu 117 Nachbildungen berühmter spanischer Gebäude und Plätze. Vor allem Kinder haben daran viel Freude, während Erwachsene sich eher über die fast 30 Kunsthandwerker freuen, die sich hier über die Schulter schauen lassen.

Olympiagelände – Anella Olímpica

Nach der Weltausstellung von 1929, die dem Montjuïc seine Kulturbauten bescherte, bereicherten die Olympischen Spiele von 1992 den Berg um

P POPULAR

Eine Tafel an der Hauptpforte des Olympiastadions erinnert an Lluís Companys, der 1936 als Präsident der katalanischen Landesregierung gegen die Hitler-Olympiade in Berlin eine antifaschistische **Olimpíada Popular** (Volksolympiade) mitorganisierte. Sie sollte am 22. Juli 1936 beginnen. Die Sportler waren bereits in der Stadt, als am 19. Juli der Spanische Bürgerkrieg ausbrach und das Projekt jäh verhinderte. Eine ganze Reihe von Sportlern blieb trotzdem in Spanien, um sich den Internationalen Brigaden im Kampf gegen die Franco-Truppen anzuschließen.

Highlights am Montjuïc *#13*

eine Reihe großer Sportstätten, die teilweise besichtigt werden können. Sie liegen etwas höher als der Palau Nacional. Einzelne Sportanlagen, wie das **Olympiastadion** 6 und das Schwimmbad Picornell, waren schon vorhanden und mussten für die Olympischen Spiele lediglich auf Vordermann gebracht werden. Andere, wie der große Sportpalast Sant Jordi und eine Sporthochschule, entstanden neu.

Gärten und Parks

Mit mehr als 2 Mio. m² bietet der Montjuïc die größte zusammenhängende Grünfläche im Stadtraum von Barcelona. Große Anlagen mit Kakteen, Tulpenparadies, durchgestaltete Oasen und gärtnerisch vernachlässigte Ecken – um all dies zu entdecken, würde man mehrere Tage benötigen. Bezaubernd finde ich die **Jardins de Joan Maragall** 7 im Rücken des Palau Nacional. Der Zauber aus grünen Symmetrien, Fontänen, Wasserfällen und Skulpturen umgibt den Gartenpalast **Palauet Albéniz.** Hier finden viele offi-

Bergauf geht es an mehreren Stellen in der Stadt mit Rolltreppen, Zugseilbahnen und Gondeln. Das gilt für die beiden Hausberge Tibidabo und Montjuïc in gleicher Weise. Die schönste, wenngleich teuerste Fahrt (11,50 € einfach) führt mit dem Teleférico del Puerto über den Hafen auf den Montjuïc.

#13 Highlights am Montjuïc

ZUR VORBEREITUNG

Zur Orientierung in der Park- und Gartenwelt am Berg empfiehlt sich der kommentierte **Online-Plan** http://lameva.barcelona.cat/es/aprovechala/parques-y-jardines (Englisch, Spanisch, Català), bei einem Besuch des Friedhofs **Cementiri de Montjuïc** folgender mit der Eintragung prominenter Gräber: www.cbsa.cat/cementiri-monjuic/.

INFOS/ÖFFNUNGSZEITEN

Font Màgica 1: Pl. de Carles Buïgas, Frühjahr und Sommer Do–So 21–23, Herbst und Winter Fr/Sa 19–21 Uhr, detaillierte Infos zu den Zeiten unter www.barcelona.de/de/barcelona-font-magica-springbrunnen.html

Museu Nacional d'Art de Catalunya (MNAC) 2: Parc de Montjuïc, www.mnac.cat, Mai–Sept. Di–Sa 10–20, So/Fei 10–15, Okt.–April Di–Sa 10–18, So/Fei 10–15 Uhr, 12 €, erm. 8,40 €, Ticket 2 Tage gültig

Pavelló Mies van der Rohe 3: Av. de Francesc Ferrer i Guàrdia, 7, www.miesbcn.com, März–Okt. tgl. 10–20, Nov.–Febr. bis 18 Uhr, 5 €, erm. 2,60 €, Kinder unter 16 Jahre frei

CaixaForum 4: Av. de Francesc Ferrer i Guàrdia, 6–8, https://obrasociallacaixa.org/es/cultura/caixaforum-barcelona/informacion, tgl. 10–20 Uhr, 4 €; gute Cafeteria und kostenfreier WLAN-Hotspot im Gebäude

Poble Espanyol 5: Av. de Francesc Ferrer i Guàrdia, 13, www.poble-espanyol.com (u. a. in Deutsch), 13 €, Kinder 4–12 Jahre 7 €

Castell de Montjuïc 11: tgl. 10–20 Uhr, www.bcn.cat/castelldemontjuic, 5 €

Mercat de les Flors ✱: C/ Lleida, 59, T 932 56 26 00, www.mercatflors.cat. Historischer Veranstaltungsort für modernen Tanz, Programm und Preise auf der Website

KULINARISCHES FÜR ZWISCHENDRIN

Xemei 1: Pg. de l'Exposicio, 85, T 935 53 51 40, www.xemei.es. Daniel Brühls (▶ S. 57) Lieblingsitaliener in Barcelona

La Caseta del Migdia 2: Mirador del Migdia, s/n, T 693 99 27 60, www.lacaseta.org, Mai–Sept. Sa 12–1, So 12–24, Mi–Fr 20–1 Uhr, Mi nur mit Reservierung. Bierbank- und Lagerfeuer-atmosphäre mit Meerblick

Cityplan: A–D 5–7 | **Funicular de Montjuïc:** Estació Parc Montjuïc

Highlights am Montjuïc #13

zielle Empfänge statt. Der allgemeine Zutritt ist deshalb bei freiem Eintritt auf das Wochenende beschränkt. Die dem Stadtteil Poble Sec zugewandten **Jardins del Teatre Grec** 8 sind mit Freiluft-Theater und einem Jugendstil-Restaurant am Brunnen Font del Gat ausgestattet. Sie spielen als beliebter Treffpunkt von Liebespaaren in vielen Romanen des späten 19. Jh. eine Rolle. Jenseits des Olympiastadions, hin zur Abbruchkante des Berges am Hafen, lohnt ein Gang durch den großen **Jardí Botanic** 9. Er präsentiert eine internationale Pflanzenschau mit Blumen und Stauden.

Eine groß angelegte Totenstadt

Für einen Besuch des **Cementiri de Montjuïc** 10 sollten Sie sich einen Vor- oder Nachmittag reservieren. Der Fußweg zum Gipfel des Berges ist beschwerlich. So empfiehlt es sich, den Weg mit dem Bus (Linie 21, Einstieg Paral.lel/Drassanes am Hafen, Ausstieg Cementiri de Montjuïc) zu absolvieren. Das 56 ha große Gelände der 1883 angelegten Totenstadt umfasst über 150 000 Grabstätten und ist von breiten, mit Zypressen gesäumten Straßen durchzogen, auf denen die Besucher fast bis an die Gräber heranfahren. Vom Eingangsbereich aus führt eine Pergola an einem kleinen Teich entlang zum Mausoleum des Präsidenten Lluís Companys. Er war bis zur Aufhebung des Autonomiestatuts Präsident Kataloniens. Abseits der großen Mausoleen liegen die Märtyrer der spanischen Linken begraben. Unmittelbar nebeneinander haben am Südrand, an der Friedhofsstraße Via Sant Carles, die Helden der anarchistischen Gewerkschaft, Buenaventura Durruti und Francisco Ascaso, ihre letzte Ruhe gefunden. Auch viele Kulturschaffende haben hier oben ihr Grab. Dazu zählen etwa Joan Miró (1893–1983), der Maler Ramón Casas (1866–1932) und die jung verstorbene Autorin Montserrat Roig (1946–91).

Trotz seiner grausamen Vergangenheit als Hinrichtungsort und Gefängnis ist das **Castell de Montjuïc** 11 ein Besuchermagnet. Vor allem auch wegen der grandiosen Aussicht, die sich von hier aus auf Stadt und Meer eröffnet. Im Sommer ist es auch Ort stimmungsvoller Konzerte und Filmabende, ganzjährig von Ausstellungen zu Geschichte und Kultur.

Mit der Zugseilbahn **Funicular de Montjuïc** gelangen Sie in wenigen Minuten und zum Preis einer Metrofahrt von der Avinguda del Paral.lel hoch auf den Berg bis in die Nähe der Miró-Stiftung. Komischerweise ist diese bequeme Art der Bergfahrt immer noch ein Geheimtipp.

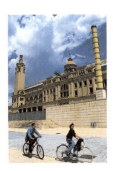

Seit es E-Bikes gibt, ist der Montjuïc auch eine Option für Fahrradfahrer, und das nicht mehr nur für trainierte Sportler.

14

Mirá Miró – **die Miró-Stiftung**

Mit seinem Bau für die Joan-Miró-Stiftung versuchte Josep Lluís Sert 1975 eine Architektur der Schnörkellosigkeit und schwerelosen Raumfolgen zu realisieren. Im Gegensatz zum tiefer gelegenen Mies-van-der-Rohe-Bau bietet die Fundació Miró einen wirklich grandiosen Blick über die Stadt.

Mirós ›kindliche‹ Kunst animiert Jung und Alt dazu, sich kreativ auszuprobieren und nicht nur nachzuahmen.

Eine lichtdurchflutete, offene Architektur mit Patios und Terrassen nimmt eine harmonische Beziehung zur Landschaft auf und bietet eine ideale Bühne für die Arbeiten von Joan Miró. Neben

Miró-Stiftung #14

wichtigen eigenen Werken zeigt die vom Künstler ins Leben gerufene Stiftung Ausstellungen zur zeitgenössischen Kunst. Die Heranführung von Kindern an das Thema ›Kunst‹ gehört hier seit vielen Jahren dazu. Zu bestaunen ist in der **Fundació Miró** 1, wo es sich auf der Dachterrasse und in der empfehlenswerten Cafeteria sehr schön entspannen lässt, auch der Objektarrangeur und Materialverwandler Miró, dem witzig-lustvolle und erstaunlich vielseitige Assemblagen aus Strandgut, Schrott, Pflanzen, Früchten, Haushaltsresten, aus allem möglichen und unmöglichen Zeug gelangen. Wie Gaudí, der seine Keramikscherben stets zu kurvig-organischen Gesamtformen zusammenfügte, hatte auch Miró viel Sinn für die Lebendigkeit seiner Kreationen.

Der Meister der Material-Jonglage

Joan Miró wurde 1893 in Barcelona geboren und starb 1983 in Palma de Mallorca, seine letzte Ruhestätte fand er auf dem Cementiri de Montjuïc (▶ S. 73). Wie Picasso waren auch ihm Erfolg und Ruhm schon zu Lebzeiten vergönnt. Seine kindhaften Idyllen unterminierte er von Beginn an mit sanften Irritationen, Brüchen und Sprüngen. Er liebte formale Ungereimtheiten. Erstaunlich ist, dass bei der Vielzahl an dargestellten Elementen auf Mirós Arbeiten die Dinge nicht auseinanderfallen. Unsichtbare Achsen, Ballonschnüre, Einsprengsel und andere Bindfäden sorgen für den Zusammenhalt.

P PRATS

Der Vater des Gründers der bekannten Kunstgalerie **Joan Prats** war Hutmacher und ›verkaufte‹ Joan Miró Hüte gegen Kunst, wenn der Maler knapp bei Kasse war. So kam bei Joan Prats die große Privatsammlung zusammen, die jetzt in der Fundació Miró zu sehen ist. In der Galerie werden heute Werke etablierter und junger katalanischer Künstler gehandelt (Galería Joan Prats, C/ Balmes, 54, Eixample, www.galeria joanprats.com).

INFOS/ÖFFNUNGSZEITEN
Fundació Joan Miró 1: Pl. de Neptú, www.fmirobcn.org, Nov.–März Di, Mi und Fr 10–18, April–Okt. 10–20 Uhr, ganzjährig Do 10–21, Sa 10–20, So 10–14.30 Uhr, Mo geschl., 12 €, erm. 7 €, Sonderausstellungen kosten extra.

Cityplan: C 6 | **Funicular de Montjuïc:** Estació Parc Montjuïc

Kathedrale der Kicker – **Camp Nou**

FC Barcelona: ›Més que un club‹! Dieser Slogan trifft weltweit auf keinen anderen Verein so zu wie auf Barça. Dieses ›Mehr als ein Club‹ heißt unter anderem: Spektakel, Bindeglied aller Katalanen und aller Generationen, Big Business, Stolz einer Stadt. Und jetzt wird das Stadion Camp Nou noch für schlappe 600 Mio. € modernisiert und aufgestockt.

Vor so vielen Pokalen zieht man schon mal den Hut …

Das 1957 eingeweihte Stadion gehört nicht zu den modernsten, was durch eine 2017 beginnende Renovierung geändert werden soll.

Camp Nou #15

Auch das Fassungsvermögen wird damit auf über 100 000 Zuschauer erweitert; alles bei laufendem Spielbetrieb. Ob mit oder ohne zeitgemäße Sitzschalen – der **Camp Nou** 1 ist das Stimmungsvollste, was man sich als Fußballfan vorstellen kann. Der FC Barcelona macht alle Katalanen stolz als Spanischer Serienmeister, mehrfacher Europapokalgewinner und Champions-League-Sieger. Ein Faszinosum bis hin zur Kurie, da selbst Päpste zu den Clubmitgliedern des FC Barcelona zählen. All dies wissen die Katalanen, und die Zuschauer zeigen sich im Camp Nou schon vor den Spielen mit Schinkenbrot und stolzgeschwellter Brust. Im Unterschied zu vielen anderen Arenen Europas spielen Alkohol und Rowdytum hier keine Rolle. Oft sind es ganze Familien oder auch Opas mit Enkeln, die zum Spiel kommen und an den Kunststücken von Messi oder Neymar ihren Spaß haben.

C CHANCE

Lassen Sie den Kopf nicht hängen: Auch bei ausverkauften Spielen gibt es durch Ticketrückgaben oft noch Plätze. In der Tagespresse sind die innerstädtischen Verkaufsstellen genannt (z. B. fnac an der Plaça de Catalunya, ▶ S. 99).

Auch an spielfreien Tagen ein Erlebnis

Auf dem Gelände findet sich außerdem ein katastrophal schlechtes gastronomisches Angebot und mit der **FC Botiga** 🛈 ein riesiger Fanartikelshop, in dem Väter ins Schwitzen kommen, wenn sie für die Einkäufe ihrer Söhne die Kreditkarte zücken. Das seit 1984 unter der Haupttribüne untergebrachte **Museum** präsentiert Pokale, Fotografien und Filme zu den schönsten Toren, die seit der Gründung des Vereins 1899 geschossen wurden.

INFOS/ÖFFNUNGSZEITEN

Camp Nou mit Museu del Futbol Club Barcelona 1: C/ Arístides Maillol, s/n, www.fcbarcelona.com. Das Museum ist nur im Rahmen der Tour Camp Nou Experience zu besuchen, die auch einen Gang durch das Stadion und eine Videoshow umfasst. Zeiten stehen auf der Website und können durch den aktuellen Stadionumbau (bis 2021) stark differieren. 23 €, erm. 18 € (Stand Dez. 2016), Tickets sind auch online zu buchen.

Cityplan: A 1 | **S-Bahn:** Palau Reial oder Collblanc

Barcelonas Museumslandschaft

EINTRITTSKARTEN in eine andere Welt …

In Barcelona gibt es etwa 100 Museen und Ausstellungszentren. Neben den zuvor genannten finden Sie meine Favoriten hier.

UND JETZT ENTSCHEIDEN SIE!

Museu del Disseny de Barcelona
Di–So 10–20 Uhr
6/4 € (Ticket gültig für 2 Tage)

○ JA ○ NEIN

Eine Schau leicht und farbenfroh gestalteter Gebrauchsgegenstände, mit denen die Designer der 1980er-Jahre berühmt wurden und die muffige Welt des Franquismus kontrastierten.
📖 K 4, http://ajuntament.barcelona.cat/museudeldisseny/es/

Museu Europeu d'Art Modern (MEAM)
Di–So 10–20 Uhr
9/7 €

○ JA ○ NEIN

Moderne Kunst und das Ambiente eines alten Stadtpalastes in Nachbarschaft zum Picasso-Museum gehen eine reizvolle Symbiose ein. Hier finden auch regelmäßig kleine Klassik- und Jazz-Konzerte statt.
📖 Karte 2, D 3, www.meam.es

Museu de Cultures del Món
Di–Sa 10–19, So 10–20 Uhr
5/3,50 €

○ JA ○ NEIN

Das 2015 in einem mittelalterlichen Doppelpalast eröffnete Museum entführt Sie auf eine faszinierende Reise zu den Kulturen der Welt. Auch Kinder kommen hier auf ihre Kosten.
📖 Karte 2, D 3, http://museuculturesmon.bcn.cat

CosmoCaixa Museo de la Ciencia
Di–So/Fei 10–20, 24.–31. Dez. 10–18 Uhr
4 € (1. So im Monat frei)

○ JA ○ NEIN

Ein nachgebildeter Amazonas-Dschungel ist nur eine von vielen spannenden Attraktionen – auch wer mit Naturwissenschaften sonst nicht viel am Hut hat, wird staunen.
📖 nordwestl. F 1, http://agenda.obrasocial.lacaixa.es/es/cosmocaixa-barcelona

Barcelonas Museumslandschaft

Palau Güell
April–Okt. Di–So 10–20,
Nov.–März bis 17.30 Uhr
12/9 €, Online-Ticketing
ratsam

JA   NEIN

Hier durfte Gaudí am Wohnhaus seines Förderers Eusebi Güell aus dem Vollen schöpfen. Es wurde ein schmuckvolles UNESCO-Welterbe daraus und eines der großen Modernisme-Erlebnisse in Barcelona.
Karte 2, A 4, www.palauguell.cat

Reial Monestir Santa Maria de Pedralbes
April–Sept. Di–Fr 10–17, Sa 10–19, So 10–20, sonst Di–Fr 10–14, Sa/So 10–17 Uhr, 5/3,50 €, So ab 15 Uhr frei

JA   NEIN

Das im 14. Jh. erbaute Kloster mit einem der schönsten Kreuzgänge Spaniens vermittelt ein intensives Bild vom Leben der Klarissen, die bis 1983 hier ihr Domizil hatten.
außerhalb C 1, www.bcn.cat/monestir pedralbes

Museu d'Idees i Invents de Barcelona (MIBA)
Di–Fr 10–14, 16–19,
Sa 10–20, So 10–14 Uhr
8/6 €

JA   NEIN

Sinniges und Unsinniges, Ernsthaftes und Humorvolles – hier dreht sich alles um die Gestaltung unserer Alltagswelt. Wie ticken Erfinder, sind Sie gar selbst einer? Entspanntes Staunen für Groß und Klein garantiert.
Karte 2, C 3, www.mibamuseum.com

Palau Robert
Mo–Sa 10–20,
So/Fei 10–14.30 Uhr
Eintritt frei

JA   NEIN

Der Stadtpalast, der sich mit deutschem Vornamen ansprechen lässt, glänzt mit aufwendiger Architektur und einem idyllischen Garten, Ausstellungen und dem Büro der zentralen Touristen-Info für die Region Katalonien.
F 2, http://palaurobert.gencat.cat/ca

La Virreina – Centre de la Imagen
Di–So 12–20 Uhr
Eintritt frei

JA   NEIN

Eine Stadtvilla des 18. Jh. an den Rambles. Einst ein Brautgeschenk, wird das Bauwerk heute von der Stadtverwaltung für Veranstaltungen rund um das Thema ›Bild‹ genutzt.
Karte 2, A 2, http://ajuntament.barcelona.cat/lavirreina/es

Barcelonas Museumslandschaft

Die Kunst der Moderne prägt Barcelonas Museumsszene in besonderem Maße. Fast 10 Mio. Besucher strömen pro Jahr in die Museen, die sich dem Schaffen von Pablo Picasso (▶ S. 39), Joan Miró (▶ S. 75) und Antoni Tàpies (▶ S. 53) widmen. Zu dieser Garde kommen noch vier weitere spannende Kunstmuseen hinzu: das Museu d'Art Contemporani (▶ S. 63), das CaixaForum (▶ S. 70), das Museu Europeu d'Art Modern (▶ S. 78) und das Museu Nacional d'Art de Catalunya (▶ S. 70) als Palast der historischen Künste und Ausstellungsort für Teile der berühmten Thyssen-Bornemisza-Sammlung. Unter den Geschichtsmuseen kommt dem Museu Marítim größte Bedeutung zu. In historischen Werfthallen dokumentiert es die Bedeutung Kataloniens als mittelalterliche Seemacht. Das CosmoCaixa (▶ S. 78) ist eines der eindrucksvollsten naturwissenschaftlichen Museen Europas. Eine umfangreiche Übersicht über die Museen finden Sie unter www.barcelonaturisme.com, über die aktuelle Kunstszene Barcelonas informiert www.artbarcelona.es.

TIPPS FÜR DEN MUSEUMSBESUCH

Fast alle Museen der Stadt sind am 25. und 26. Dez. sowie am 1. und 6. Jan. geschlossen. Meist haben Kinder unter 7 Jahren freien Eintritt. Am 18. Mai (Internationaler Tag des Museums) und 24. September (Tag der Stadtheiligen La Mercè) ist oft für alle der Eintritt frei. Viele Museen verlangen an einem Nachmittag im Monat (entweder der 1. oder der letzte So) keinen Eintritt. Es ist dann allerdings oft voll. Das **Articket** kostet 30 € (online 28,50 €) und berechtigt ein Jahr lang zum Besuch der sechs großen Kunstmuseen der Stadt: Museu Picasso, Fundació Joan Miró, Museu Nacional d'Art de Catalunya, Centre de Cultura Contemporània de Barcelona, Fundació Antoni Tàpies und Museu d'Arte Contemporani (www.articketbcn.org).

Das Museu Marítim bietet 2 in 1 – beeindruckende mittelalterliche Werfthallen und prachtvolle Exponate zum historischen Schiffsbau.

Renaixença – Kataloniens Wiedergeburt

Auf der Basis der frühen Industrialisierung und kolonialer Reichtümer erlebte Katalonien im 19. Jh. einen deutlichen wirtschaftlichen Aufschwung. Damit verbunden entfaltete sich ein neues nationales Selbstbewusstsein als *renaixença* oder ›katalanische Wiedergeburt‹. Sie fand ihren Ausdruck in der Sprachpflege des *Català*, in der Kultur und in der Architektur.

Der 1850 in Barcelona geborene Lluís Domènech i Montaner gehörte neben Antoni Gaudí (1852–1926) und Josep Puig i Cadafalch (1867–1956) zum so genannten Dreigestirn des Modernisme, einer katalanischen Eigenart des Jugendstils. Domènech i Montaner war 1900–20 Direktor der ersten Architektenschule in Barcelona und in dieser Zeit auch für Bau und Gestaltung des Palau de la Música Catalana verantwortlich. In einem berühmt gewordenen Aufsatz in der Zeitschrift »La Renaixença« machte er sich für das Ziel stark, in Katalonien »auf die Suche nach einer nationalen Architektur zu gehen«. Im Modernisme wurden er und seine zeitgenössischen Kollegen fündig.

Schmuckstück für alle
Plaça Reial Karte 2, A 3
Die zum Sehen und Gesehenwerden 1848 eingerichtete Platzanlage spiegelte unmittelbar katalanisches Selbstbewusstsein. Gerahmt von Arkaden und schön gegliederten Fassaden, ist sie heute ein Treffpunkt für zumeist touristische Müßiggänger. Die später installierten Laternen wurden von Gaudí entworfen.
Metro: Liceu

Stolz der Stadt
Opernhaus Liceu Karte 2, A 3
Das 1847 an den Rambles eröffnete prachtvolle Opernhaus Liceu brachte ebenfalls von Anfang an das kulturelle Selbstbewusstsein Kataloniens zum Ausdruck. Es gehört zu den Symbolen der Stadt und war als Treffpunkt der Eliten auch mehrfach Ziel von Anschlägen. 1994 wurde das Liceu durch ein Feuer bis auf die Grundmauern zerstört. Private Spenden ermöglichten den Wiederaufbau.
La Rambla, 51–59, www.liceubarcelona.cat, Führungen (45 Min., stdl.) Sa/So ab 9.30, Mo–Fr ab 11.30 Uhr, 9 €, Metro: Catalunya

Lebenswelt katalanischer Großbürger
Museu Frederic Marès Karte 2, C 2
Die Lebenswelt der katalanischen Oberschichten aus dem 19. Jh. wird hier in Form von Einrichtungen und Gebrauchsgegenständen dokumentiert. Das Museum lockt mit einem schönen, meist stillen Innenhof mitten im Gotischen Viertel.
Pl. de Sant Iu, 5–6, Barri Gòtic, T 932 56 35 00, www.museumares.bcn.cat, Metro: Jaume I, Di–Sa 10–19, So/Fei 11–20 Uhr, 4,20 €, erm. 2,40 €

Das ist die Höhe
Palau de la Música Catalana
 Karte 2, D 1
Der 1908 eingeweihte Musikpalast repräsentiert den Kulminationspunkt der ›katalanischen Wiedergeburt‹ im 19. Jh. Die überbordende Gestaltung zeigt, dass dem damaligen Bürgertum zwar kaum politische Macht, aber sehr

Renaixença – Kataloniens Wiedergeburt

Alle in Barcelona von der UNESCO als Weltkulturerbe deklarierten Bauwerke (neun an der Zahl, mehr gibt es weltweit in keiner Stadt!) repräsentieren den Modernisme. Von **Gaudí** stammen Sagrada Família, Park Güell, Palau Güell, La Pedrera (Casa Milà), Casa Batlló, Casa Vicens und die Krypta der Colonia Güell, von **Domènech i Montaner** wurden der Palau de la Música Catalana und das Hospital de la Santa Creu i Sant Pau in dieser Weise geehrt.

viel Geld zur Verfügung stand. Der Palau befindet sich noch heute im Besitz des Orfeó Català, des katalanischen Nationalchors, der 1891 von Lluís Millet und Amadeu Vives gegründet wurde. Letzterer gab auch den Bauauftrag.
▶ S. 47

Zum Einsummen
Museu del Modernisme Barcelona 🗺 F 4
Das nahe bei der zentralen Plaça de Catalunya gelegene Museum gibt einen einführenden Überblick über Stilelemente in Architektur und Kunsthandwerk, die vom katalanischen Jugendstil geprägt sind, und verdeutlicht die Bedeutung des Modernisme für das Gesicht der Stadt.
▶ S. 52

Gaudí zum Ersten
Casa Vicens 🗺 außerhalb F 1
Bisher war das erste wichtige Bauwerk von Gaudí nur von außen zu besichtigen. Das soll sich ab 2017 ändern, wenn hier die Eröffnung eines Gaudí-Museums ansteht. Zur Arbeitsweise des Meisters informiert auch eine Etage in der Pedrera (Casa Milà, ▶ S. 55).
Carrer de les Carolines, 18–24, http://casa vicens.org, Metro: Lesseps

Puig-Porträt
Casa de les Punxes 🗺 G 3
2016 wurde in diesem ursprünglich für drei Schwestern errichteten Modernisme-Bau ein Museum eröffnet, dessen Präsentation sich vor allem dem Werk seines Architekten Puig i Cadafalch widmet. Dachterrasse mit tollem Blick über die Stadt.
Diagonal, 420, T 930 18 52 42, www.casadeles punxes.com, Metro: Diagonal, tgl. 9–20, letzter Eintritt 19 Uhr, 12,50 €, erm. 11,25 €, Kinder bis 5 Jahre frei

Llull schreibt Català
Palau Baró de Quadras 🗺 G 2
Ein weiterer von Puig i Cadafalch gestalteter Stadtpalast aus den Jahren 1904–06. Er beherbergt das Institut Ramón Llull in Erinnerung an den mittelalterlichen Philosophen und Dichter (1232–1316), der das Català als Schriftsprache kanonisierte. Das Institut fördert die katalanische Sprache im Ausland.
Diagonal, 373, T 934 67 80 00, www.llull.cat. Metro: Diagonal, Mi (außer Fei) 13 Uhr 45-minütige Führung, 12 €, erm. 10,80 €, Gruppen ab 15 Pers. n. V.

Strahlendes Dutzend
Hospital de la Santa Creu i Sant Pau 🗺 außerhalb J 3
Das vormalige Krankenhaus nahe der Sagrada Família sollten Sie nicht links liegen lassen – ein weiterer Höhepunkt des Modernisme und ein Hauptwerk von Domènech i Montaner. Die 1905 geschaffene Anlage aus zwölf Gebäuden gehört seit 1997 zum UNESCO-Weltkulturerbe. Nach umfangreichen Sanierungsarbeiten zeigen sich die modernistischen Bauten in alter Pracht. Mit ihrem hübschen Garten bilden sie den idealen Rahmen für Ausstellungen und Konzerte.
▶ S. 64, S. 50

Nicht nur die Alten gestalten
BD Barcelona Design 🗺 K 6
Zu den Eigenheiten der Modernisten gehörte es, nicht nur als Architekten, sondern auch als Gestalter tätig zu werden und auch Straßenlampen, Türgriffe

Renaixenca – Kataloniens Wiedergeburt

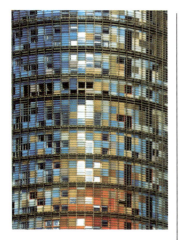

Ob Sonne oder Scheinwerfer: Die Fassade der Torre Agbar ist immer im Dialog mit dem Licht.

oder Stühle zu entwerfen. Ziemlich genau 100 Jahre später machte eine Gruppe von Architekten und Designern aus Barcelona weltweit von sich reden, die ähnlich arbeiten: ›Barcelona-Design‹ war in den 1990er-Jahren überall gefragt. In diesem Showroom sind die Größen des katalanischen Designs vertreten, wie Javier Mariscal, Alfredo Arribas, Oscar Tusquets, Dani Freixes, Antoni Gaudí oder Pep Bonet.

C/ Ramon Turró, 126 (Poblenou), T 934 58 69 09, www.bdbarcelona.com, Metro: Bogatell, Mo–Do 9–18, Fr 9–14 Uhr

Kreativzentrum
Palo Alto 📍 außerhalb K 6

Unweit von BD Barcelona Design ein Muss, und nebenbei ein gutes Ziel für eine Radtour: Das alte Fabrikgelände und seine malerisch mit Pflanzen bewachsenen Gebäude bedeuteten Anfang der 1990er-Jahre das erste spektakuläre Umwidmungsprojekt in Poblenou. Mit Freunden verwandelte der Designstar Javier Mariscal die abgetakelte Fabrik mit übrig gebliebenem Großschornstein *(palo alto)* in ein Kreativzentrum. Heute arbeiten hier mehr als 200 Personen, vom Grafiker bis zum Architekten.

C/ Pellaires 30–38, T 671 23 05 45, www.paloaltobcn.org, Metro: Selva de Mar, Mo–Fr 10–18 Uhr

Spektakulär
Museu del Disseny de Barcelona 📍 K 4

Das 2014 in einem spektakulären Gebäude eröffnete Museum vermittelt Ihnen einen guten Überblick über das gestalterische Schaffen in Barcelona vom Mittelalter bis zu aktuellen Tendenzen: Produktdesign, Mode, Grafik, Angewandte und Dekorative Künste. Das Angebot in der Museums-Cafeteria hat übrigens Suchtfaktor!

Pl. de les Glòries Catalanes, 37–38, Metro: Glòries, T 932 56 68 00, http://ajuntament.barcelona.cat/museudeldisseny/, Di–So 10–20.30, Mo ab 16 Uhr, 6 €, erm. 4 € (2 Tage gültig)

Klarer Phall
Torre Agbar 📍 K 4

Gleich neben dem Design-Museum steht seit 2004 dieser von dem französischen Architekten Jean Nouvel entworfene 142 m hohe Büroturm. Mit seiner eigenwilligen, oben abgerundeten Gestalt soll er an die Felsformationen des nahen Montserrat erinnern, manche sagen: an einen Phallus. Der an den Wochenenden bunt beleuchtete Turm gehört zu den jüngeren Symbolen der Stadt.

Pl. de les Glòries Catalanes, Metro: Glòries

Die Stadt Barcelona hat am 28. Juli 2016 am Strand von Barceloneta mit dem **Contador de la vergüenza** ein Monument eingeweiht, das der im Mittelmeer ertrunkenen Flüchtlinge gedenkt. Dieser digitale ›Zähler der Schande‹ begann mit der Zahl 3034. So viele Menschen hatten 2016 bis zur Einweihung des Denkmals auf der Überfahrt nach Europa ihr Leben verloren.

An der Strandpromenade von Barceloneta in Höhe der C/ Baluard (📍 G 8)

Pause. Einfach mal abschalten

Barcelonas Stadtentwicklung der letzten Jahrzehnte kennzeichnet eine umfangreiche Durchgrünung. Ziel ist, dass es in allen Stadtvierteln Parks und Gärten geben soll. 225 000 jährlich im Stadtgebiet ausgebrachte Setzlinge junger Bäume, Stauden und Sträucher zeigen, dass dieses Motto an allen Ecken und Enden in die Praxis umgesetzt wird. Auch in der Innenstadt gibt es grüne Flecken und Flächen, die sich prima zum Luftholen eignen. Meine Favoriten zeige ich Ihnen hier:

Supergrün
Parc de la Ciutadella 📖 H 6/7
Erst ein Wohngebiet, dann unter dem Zwang der kastilischen Krone zu einer Belagerungsfestung umgebaut, 1888 Spielort der ersten Weltausstellung in Barcelona, heute ein Volkspark mit baulichen Relikten aus der Vergangenheit, Zoo, Teichen, Lauben und Platz für Federball und Boule. In der warmen Jahreszeit öfters kleine Konzerte.
Pg. de Picasso (Ciutat Vella), Metro: Arc de Triomf oder Barceloneta, tgl. 10 Uhr–Sonnenuntergang

Ein Hinterhof mit Flair
Museu Marítim 📖 E 7
Der Innenhof des Museums liegt etwas abseits vom Haupteingang und ist deshalb zumeist ein Idyll. Ein Teich, begrüntes Gemäuer, ein paar Tische, an die Sie sich aus dem Museumscafé etwas zu trinken holen – eine perfekte Pause.
Av. de les Drassanes, s/n, www.mmb.cat, Metro: Drassanes, tgl. 9–20 Uhr

Wenn Ihr Nachbar auf der Parkbank grün gekleidet ist und laut meckert, handelt es sich um einen der gut 5000 Mönchssittiche, die sich seit 1975 in Barcelona angesiedelt haben.

Verwöhnung pur
Aire de Barcelona 📖 Karte 2, F 3
Am Rand des Ribera-Viertels und neben dem Ciutadella-Park fühlt man sich in den arabischen Bädern von Aire de Barcelona wie in Tausendundeiner Nacht – arabische Bäderkultur, die begeistert.
Pg. Picasso, 22 (La Ribera), T 932 95 57 43, www.airedebarcelona.com, Metro: Arc de Triomf

Ganz schön oasig
Museu Frederic Marès 📖 Karte 2, C 2
Hinter den Kulissen von Kathedrale und anderem gotischem Gemäuer versteckt sich ein wunderschöner Patio.
Pl. de Sant Iu, 5–6, www.museumares.bcn.cat, Metro: Jaume I, Di–Sa 10–19, So/Fei 11–20 Uhr

Müßiggang im Kreuzgang …
Viel mehr als eine Alternative bei Schlechtwetter sind bei der Suche nach innerstädtischen Pausenplätzen die Kreuzgänge von kleinen Kirchen und Klöstern. Glücklicherweise haben das viele noch gar nicht so mitbekommen.

… mit August
El Bar del Covent de Sant Agustí
📖 Karte 2, E 2
Bei einem Kaffee unter den Arkaden dieses alten Klosterkreuzgangs ist das städtische Getöse gefühlt 10 km weg, real keine 200 m.
Zugänge: C/ Comerç, 36 und Pl. de l'Academia, s/n (Ciutat Vella), www.bardelconvent.com, Metro: Jaume I, Di–Sa 10–21 Uhr, So u. Mo geschl.

Pause. Einfach mal abschalten

Urbanität und begrünte Ruheinseln sind in Barcelona gut ausbalanciert. Gärten und Parks werden von allen Generationen gerne genutzt.

… mit Anna
Iglesia Santa Anna 📖 F 5
Im Häusermeer um die Pl. de Catalunya würde man nie im Leben eine kleine Kirche mit einem Kreuzgang vermuten. Regelmäßig gibt es hier auch kleine Gitarrenkonzerte.
C/ Santa Anna, 29, www.parroquiasantaanna.org, Metro: Catalunya, tgl. 11–14, 16–19 Uhr, 2 €

… mit Paul
Sant Pau del Camp 📖 E 6
Eines des wenigen romanischen Bauwerke, die sich in Barcelona erhalten haben. Schlichte, würdevolle Schönheit aus Stein.
C/ Sant Pau, 101, Metro: Paral.lel, Mo–Fr 9.30–12.30, 15.30–18.30 Uhr, Sa nur vormittags, 3 €

… und mit Maria
Reial Monestir Santa Maria de Pedralbes 📖 außerhalb C 1
Eindrucksvolles Kloster aus dem 14. Jh. mit großem Kreuzgang. Von dort sind es nur wenige Fußminuten bis zum schönen Park des Palau de Pedralbes.
Baixada del Monestir, 9, www.monestirpedralbes.bcn.cat, Metro: Maria Cristina oder Palau Reial, Okt.–März Di–Fr 10–14, Sa/So 10–17, April–Sept. Di–Fr 10–17, Sa 10–19, So 10–20 Uhr, So ab 15 Uhr u. 1. So im Monat freier Eintritt, sonst 5 €, erm. 3,50 €

Die Veranstaltungsreihe **Música als Parcs** bringt Barcelonas Parks und Gärten im Sommer zum Klingen. Von Juni bis August füllen sich die Parks in den Abendstunden und Sommernächten mit Musikliebhabern aller Altersstufen. Das Angebot reicht von Klassik bis Klangexperiment, der Eintritt ist frei.
www.facebook.com/MusicaParcs/

In fremden Betten

¡Buenas Noches!

Barcelonas Angebot an Übernachtungsmöglichkeiten ist breit gefächert und über alle zentralen Stadtteile verteilt. Alleinreisenden Frauen würde ich vom Standort Raval aus Sicherheitsgründen abraten. Ansonsten wäre noch zu klären, was wichtiger ist: Strandnähe oder Innenstadtlage, dann kann das Stöbern auch schon losgehen.

In den letzten Jahren sind reizvolle kleine Hotelketten mit Stilgefühl, persönlichem Touch und bezahlbaren Preisen aufgetaucht, etwa die **Praktik-Hotels** (www.praktikhotels.com/de, vier Hotels) oder **chic&basic** (www.chicandbasic.com/barcelona, drei Hotels, ein Hostal). Schauen Sie mal nach: Die Websites versprechen nicht zu viel.

Das Angebot von **Airbnb** in Barcelona reicht von netten Wohnungen im Künstlerviertel Gràcia bis zu komfortablen Kajüten auf Booten im Hafen (z. B. https://www.airbnb.de/rooms/1367286), kostenloses WLAN ist Standard. Interessanter als die teuren Zimmer sind die Rooftop-Bars der Luxushotels, oft mit Pools und netter Spätabendatmosphäre (www.thelocal.es/20160524/top-ten-barcelonas-best-rooftop-bars).

Eine Erfolgsstory schrieb in den vergangenen Jahren die private Jugendhotelkette **Equity Point** (www.equity-point.com). Zwei- und Mehrbettzimmer, freies Internet und lockere Atmosphäre sind die Kennzeichen. Im strandnah gelegenen Equity Sea Point logieren auch Ü30-Gäste.

SCROLLEN SIE GUT!

www.barcelonaroom.com: Vermittlung von Hotel- und Privatzimmern, B&B und Apartments in zentraler Lage. Gut bebildert, auch in Deutsch

www.hostels.com: Absolute Low-Budget-Unterkünfte, oft privat, oft etwa 2–3 km außerhalb des Zentrums. Sympathischer Auftritt

www.oh-barcelona.com: Agentur mit viel Erfahrung und umfangreicher deutschsprachiger Website

www.9flats.com: Die deutschsprachige Website hat viele Unterkünfte im Angebot. Auf der Startseite finden sich die jeweils aktuellen ›Top-Unterkünfte‹.

www.wimdu.de: Hier finden Sie Übernachtungsmöglichkeiten bei Locals ab ca. 20 € pro Nacht und Person.

Vom Duft aus der Backstube geweckt: Im Praktik Bakery Hotel fahren Sie mit dem Fahrstuhl (fast) direkt vom Zimmer in die Bäckerei Baluard im Erdgeschoss.

IN FREMDEN BETTEN

Tolle Idee
The 5 Rooms 🏠 G 4
Dass man kein gelernter Hotelier sein muss, um mit zwei zum Hotel umgebauten Wohnetagen Furore zu machen, beweist die Deutsch-Spanierin Yessica Delgado Fritz. Aus den 5 Rooms sind deshalb schnell *twelve* geworden. Gefrühstückt wird an einem großen Tisch im gemütlichen Esszimmer.
Pau Claris, 72, 1' (Eixample), T 933 42 78 80, www.the5rooms.com, Metro: Urquinaona, 12 Zi., DZ ab 145, Hauptsaison ab 165 €, inkl. tollem Frühstück

Sprichwörter lügen
Casa Camper 🏠 Karte 2, A 1
Von wegen »Schuster bleib bei deinen Leisten«. Gott sei Dank hat da jemand Lust gehabt, einmal etwas ganz anderes auszuprobieren. Und so haben die Leute des bekannten Schuhherstellers Camper hier im Schmuddelviertel Raval ein sehr geschmackvolles Design-Hotel aufgemacht. Bravo!
C/ Elisabets, 11 (El Raval), T 933 42 62 80, www.casacamper.com, Metro: Catalunya, 30 Zi., DZ/F ab 300 €

Hochzeitsnächte
Mercer Barcelona 🏠 Karte 2, C 3
Für den Fall eines Lottogewinns, einer gerade angetretenen Erbschaft oder einer gut überstandenen Hochzeit: Das alte Stadtpalais im Zentrum wurde mit viel Geschmack renoviert und eingerichtet. Hier wird Luxus zu einer großen Versuchung.
C/ Lledo, 7 (Barri Gòtic), T 933 10 74 80, www.mercerbarcelona.com, Metro: Jaume I, DZ/F ab 180 € (achten Sie auf Sonderangebote)

Frühstück unter Bäumen
Hotel Petit Palace Opera Garden
🏠 Karte 2, A 3
Schlichte Eleganz und hoher Komfort gegenüber dem Opernhaus Liceu. Zu dem renovierten Altbau gehören ein schöner Innenhof und eine stimmungsvolle Terrasse, auf der man vom Frühstück gar nicht mehr aufstehen möchte und gerne lange Sommerabende verbringt.
C/ la Boqueria, 10 (Barri Gòtic), T 933 02 07 53, www.hthoteles.com, Metro: Liceu, DZ/F ab 160 € (Angebote ab 100 €), für Kategorie und Qualität günstig

Schuhe und Hotel: Bei Camper heißt der gemeinsame Nenner gutes Design.

Coole Kette
chic&basic 🏠 Karte 2, E 3
Schlicht zum Wohlfühlen! Intelligent, kreativ, komfortabel und cool: Das lichtdurchflutete Designhotel ist in einem mittelalterlichen Palais mitten im hippen Ribera-Viertel untergebracht. Unkonventionell, versprüht gute Laune. WLAN und Leihräder (2 Std.) sind kostenlos!
C/ Princesa, 50 (La Ribera), T 932 95 46 52, www.chicandbasic.com, Metro: Jaume I, 31 Zi., DZ ab 90 € (ohne Frühstück). Die kleine Kette hat weitere Hotels und Apartments in der Innenstadt.

Brot und Betten
Praktik Bakery 🏠 G 3
Nur ein paar Fußminuten von Gaudís berühmter Casa Milà entfernt, lockt der Duft frischen Brotes in die Bäckerei Baluard, die derzeit als Barcelonas beste gilt. Wer dort seinen Kaffee und sein Croissant genossen hat, kann dort auch gleich übernachten. Das erste Bäckerei-Hotel, weltweit. Lecker, modern, zentral. Es gehört zu einer kleinen Kette mit freundlich betreuten Stadthotels. Schauen Sie auch nach Praktik Garden, Praktik Rambla und Praktik Vinoteca.
C/ Provença, 279, T 934 88 00 61, www.hotelpraktikbakery.com, Metro: Diagonal, DZ/F ab 140 €

In fremden Betten

Freies WLAN ist in den Hotels Barcelonas die Regel.

Für Erwachsene
Banys Orientals 🏠 Karte 2, D 3
Nix für Design-Freaks oder lebenslänglich Jugendliche: ein bezauberndes Hotel in stilvoll restauriertem und möbliertem Gemäuer, zentral gelegen zwischen Gotischem Viertel und Born.
C/ Argenteria, 32 (Born), T 932 68 84 60, www.hotelbanysorientals.com, Metro: Jaume I, DZ/F ab 130 €

Klingt nicht nur gut
Hotel Jazz 🏠 F 4
Das zentral gelegene Hotel spricht eine moderne Formensprache und hat einen großen Pool mit Bar auf dem Dach.
C/ Pelai, 3 (Raval), T 935 52 96 96, www.hoteljazz.com, Metro: Catalunya, DZ/F ab 140 €

Ab ins Kloster!
Sant Agustí 🏠 Karte 2, A 2
Das hübsche Hotel in einem renovierten Klostergebäude aus dem 17. Jh. liegt an einem typischen Platz des Raval. Rustikal-romantisches Altstadtflair. Fragen Sie nach einem Zimmer unter dem Dach, die sind großzügiger geschnitten.
Pl. Sant Agustí 3 (Raval) T 933 18 16 58, www.hotelsa.com, Metro: Liceu, DZ/F ab 130 €

Prachtvoll und Preiswert
Hostal Girona 🏠 G 5
Das ist ungefähr so, wie wenn man ein begütertes Haus des Großbürgertums aus dem 19. Jh. mit allem Zuckerbäckerdekor zu einem Hostal umfunktioniert. Daran findet man schnell seinen Spaß.
C/ Girona, 4 (Eixample), T 932 65 02 59, www.hostalgirona.com, Metro: Tetuan, DZ/F ab ca. 65 €

Immer gerne
Poblenou Bed & Breakfast
🏠 außerhalb K 7
Etwas abseits vom Zentrum gelegen, überzeugt dieses B&B durch viel Charme und geschmackvoll eingerichtete Zimmer. Ein paar Schritte zum Meer, ein paar Schritte zu den gemütlichen Rambles von Poblenou. Hierher komme ich immer gerne.
C/ Taulat, 30 (Poblenou), T 932 21 26 01, www.hostalpoblenou.com, Metro: Llacuna, 6 DZ, 55–85 € inkl. Frühstück.

Mittendrin
El Jardí 🏠 Karte 2, B 2
Populäres Altstadthotel am schönsten Platz im Gotischen Viertel. Die einfachen

Zimmer haben alle neue Bäder. Am schönsten sind die zum Platz hin gelegenen. Wer lärmempfindlich ist, liegt hier allerdings falsch.
Pl. de Sant Josep Oriol 1 (Barri Gòtic), T 933 01 59 00, www.eljardi-barcelona.com, Metro: Liceu, DZ/F ab 50 €

Angenehmes Mitwohnen
Pensió 2000 🏠 Karte 2, D 1
Direkt gegenüber dem Palau de la Música Catalana hat in einer vormals herrschaftlichen Wohnetage eine gastfreundliche Familie den hinteren Teil der Wohnung in freundliche Gästezimmer ugewandelt. Das Frühstück gibt's auf einem Innenhofbalkon, schmeckt aber in nahen Bars besser.
C/ Sant Pere Més Alt, 6 (La Ribera), T 933 10 74 66, www.pensio2000.com, Metro: Urquinaona, 7 Zi., DZ ab 70 € (Frühstück 5 € extra)

Klasse Terrasse
Casa Gràcia 🏠 F 2
Ein Hostal mit Hotelniveau mit stilvoll eingerichteten Gemeinschaftszimmern, wie Bibliothek, Küche, Bar, Esszimmer und einer tollen Terrasse in der 1. Etage.
Pg. de Gràcia (Eixample), 116, T 931 74 05 28, www.casagraciabcn.com, Metro: Diagonal, DZ (klein) ab 70 €, aber auch größere Zimmer und Suites

Fischerviertel
Marina Folch 🏠 G 7
Wo einst die Fischer wohnten: ein schlichtes Haus mit recht kleinen, aber sauberen und freundlichen Zimmern. Nur ein paar Schritte bis zum Strand.
C/ del Mar, 16 (Barceloneta), T 933 10 37 09, marinafolchbcn@hotmail.com, Metro: Barceloneta, 10 Zi., DZ ab 60 €

Crazy Diamant
Generator Barcelona 🏠 G 2
Ein Hostal, das zum Künstlerviertel Gràcia passt. Wenn man einen Kirmesplatz mit all seinen schreienden Kitschdekorationen in ein Hotel verlagern wollte, müsste in etwa das rauskommen, was Sie hier erleben. Vom Mehrbettzimmer bis zum Penthouse ist hier vieles möglich. Bar und Restaurant im Haus.
C/ Corsega, 373 (Gràcia), T 932 20 03 77, https://generatorhostels.com/de/reiseziele/barcelona/, Metro: Verdaguer, ab 12,50 € im Mehrbettzimmer bis Penthouse-Zimmer für bis zu 6 Pers. zu 150 € pro Zimmer

Jugendherberge 2022.0
Twentytú Hi-Tech Hostel 🏠 K 5
Das Haus ist ökologisch durchkomponiert, behindertengerecht eingerichtet und auch sonst mit allen Leistungen ausgestattet, die eine metropolitane Herberge auszeichnen, unter anderem: 24-Std.-Rezeption, gut ausgestattete Gemeinschaftsküche, freie PC-Nutzung, Waschmaschinen, Fahrradverleih etc.
C/ Pamplona, 114 (Sant Martí), T 932 38 71 85, www.twentytu.com, Metro: Glòries, 24 Std. geöffnet, 230 Betten in 60 Zi. (DZ und 4-Bett-Zimmer), ab 20 €/Pers. inkl. Frühstück

AUSSERHALB

Zwei Unterkünfte außerhalb der Stadt möchte ich nicht unerwähnt lassen: **Inout-Hostel Barcelona** ist eine naturnah gelegene Herberge mit Doppel- und Mehrbettzimmern einfachster Art. Einziger Luxus: der große Pool. Sympathisch: Weitgehender Einbezug von Menschen mit Down-Syndrom im Service. Abenteuerlich: die Anreise mit der Zahnradbahn (zum Preis einer Metrofahrt).
C/ Major del Rectoret, 2 (Vallvidrera), T 932 80 09 85, www.inouthostel.com, S1 und S2 von der Innenstadt bis Baixador de Vallvidrera, ab ca. 20 €/Pers. inkl. Frühstück

Mit einem Shuttlebus erreichen Sie die Anlage **Camping Barcelona** beim nördlich gelegenen Mataró in etwas mehr als 30 Min. Ein toller Platz mit Häuschen für 2–6 Pers. (Haustiere erlaubt), Strandzugang, Pool, Bar/Restaurant und bester Verkehrsanbindung an die Innenstadt.
Carretera N-II Km 650, Mataró, T 937 90 47 20, www.campingbarcelona.com, Shuttlebus gratis (im Sommer 2,90 €)

¡Buen provecho!

Wenn Sie in Barcelona unbedingt auf die schlanke Linie achten möchten, sollten Sie die folgenden Seiten überschlagen oder es in puncto Spezialitäten beim berühmten – kalorienarmen – »pa amb tomàquet« belassen, Landbrot mit Olivenöl, Tomate und Knoblauch. Die Gastroszene sieht derzeit ein Mehr an Restaurants für Vegetarier und eine stärkere Verwendung regionaler Produkte. Nach wie vor gehört Spanien jedoch zu den europäischen Ländern, in denen am meisten Fleisch konsumiert wird. So feiert man auch in Barcelona die zahlreichen Shops, die aus dem Iberico-Schinken einen Kult machen. Da geht es wie in Vinotheken zu: gute Lage, namhafte Produzenten, lange Lagerung – und schwupps kostet ein Schinkenbrot 8 €. Restaurants für Vegetarier und Biokost erkennen Sie in Barcelona oft schon an der Einrichtung: helles Holz, keine Stofftischdecken, Pflanzen auf Wandpodesten. Der Hype hinsichtlich der Alchimisten-Küche von Ferran Adrià und seiner Jünger ebbt inzwischen wieder etwas ab. Hatten die Tüftler zum Entzücken ihrer Gäste das Kauen beim Essen durch Schäume und Düfte überwunden, so halten jetzt wieder mehr Tavernen, Bodegas und Cervecerias Einzug in die Trendmagazine. Die langen Tapas-Theken bekunden, dass der Tapas-Kult in Barcelona ungebrochen ist. Überall in der Innenstadt locken dicke Pinselstriche auf Fensterglas: ›Tapas‹, ›Tapes‹. Was über die Qualität freilich genauso wenig sagt wie die meisten geführten ›Tapa-Tours‹.

ZUM SELBST ENTDECKEN

Drei hilfreiche Websites geben einen Überblick und ermöglichen gezielte Suchen in Stadtteilen. Aktuell, umfassend und gut recherchiert:
www.timeout.com/ barcelona (Català, Spanisch, Englisch). Das Stadtmagazin erscheint auch monatlich an den Kiosken.
www.guiadelocio. com/barcelona (nur Spanisch): erfahrene Redaktion hinsichtlich Restauranttipps
www.bcnrestaurantes. com (Català, Spanisch, Englisch): von Einheimischen oft benutzt

Essen, Trinken, Plaudern: Lebenselixier der Katalanen

Satt & glücklich

SO BEGINNT EIN GUTER TAG IN BARCELONA

Churros!
La Granja 🍴 Karte 2, B 3
Die gute Stube im Gotischen Viertel ist ein gemütlicher Ort fürs Frühstück oder einen späteren Pausenkaffee. Spezialität: *churros,* das bekannte Schmalzgebackene.
C/ Banys Nous, 4 (Barri Gòtic), keine Website, Metro: Liceu, tgl. ab 9 Uhr, Frühstück ca. 7 €

Behaglich
Laie 🍴 G 4
Die Mischung aus Buchladen und Café erlaubt es, im Café zu lesen, zu plaudern, abends die Kaffeetasse gegen das Weinglas einzutauschen und dazu kleine Gerichte zu genießen. Ein toller Platz für das kleine Abendessen, ob alleine in Gesellschaft.
C/ Pau Claris, 85 (Eixample), T 933 02 73 10, www.laierestaurants.es/pau_claris, Metro: Urquinaona, Mo–Fr 9–21, Sa 10–21 Uhr, Mittagsmenü (13–15.30 Uhr) 16 €, inkl. einem Getränk

Bleib so!
Granja M Viader 🍴 Karte 2, A 1
In der ältesten Granja der Stadt trifft man sich seit 1870 bei dickflüssiger Schokolade und Kuchen oder zu einem Salat. Auch glutenfreie Produkte gehören zur breit gefächerten Auswahl. Das Interieur entspricht dem alter Granjas: farbenfrohe Fliesen, die im Sommer angenehme Kühle konservieren und im Winter behaglich wirken. Mein Wunsch für diese Stube: Bleib so!
C/ Xucla, 4–6 (Raval), www.granjaviader.cat, Metro: Liceu, Mo–Sa 9–13.15, 17–21 Uhr, So geschl., Frühstück ab 6 €

Schönste Kaffeepause
Bar del Pi 🍴 Karte 2, B 2
Das Terrassencafé im Gotischen Viertel hat sich als Standort einen der schönsten Plätze ausgesucht. Nachmittags und an Wochenenden ganztags ist die Stimmung auf dem Platz besonders relaxed.
C/ Plaça de Sant Josep Oriol, 1 (Barri Gòtic), T 933 02 21 23, www.bardelpi.com, Metro: Liceu, tgl. 9–23 Uhr, *café con leche* 2 €

Ganztägig gut
Cafè Silenus 🍴 E 5
Modernisme als stilvolle und dabei lässige Mischung aus Café, Restaurant, Cocktailbar und Kunstgalerie. Leckere Back- und Konditoreiwaren, preiswerte Tages- und Abendessen. Wer rausgeht, überlegt gleich, wann er wiederkommt.
C/ dels Angels, 8 (Raval), T 933 02 26 80, www.restaurantsilenus.com, Metro: Liceu, Mo–Sa 9.30–1 Uhr, So geschl., Menü ca. 20 €

WO ESSEN AUF NACHHALTIGKEIT TRIFFT

Nur Mittagstisch
Arc Iris 🍴 H 3
Dieses vegetarische Restaurant gehört zu den besten und preiswertesten unter den Mittagsküchen Barcelonas. Angenehme Atmosphäre und freundliche Bedienung.
C/ Roger de Flor, 216 (Gràcia, unweit der Sagrada Família), T 934 58 22 83, www.vegetarianoarciris.com, Metro: Verdaguer, Mo–Sa 13–16 Uhr, abends und So geschl., Vier-Gänge-Menü mittags für 14 €

Bio-Buffet
Biocenter 🍴 Karte 2, A 1
Das zentral gelegene vegetarische Restaurant ist wegen seines großen Buffets sehr beliebt.
C/ Pintor Fortuny, 25 (El Raval), T 933 01 45 83, www.restaurantebiocenter.es, Metro: Liceu, Mo–Fr 9–23, Sa 13–23, So 13–16 Uhr, Tellergerichte ab 9 €, Menü ab 16 €

Für Glückskinder
Mamacafé Restaurant
🍴 Karte 2, A 1
Das Restaurant in einer ehemaligen Lagerhalle verwöhnt sein meist jüngeres Publikum mit leckeren Tellergerichten (auch vegetarisch). Der nahe Boqueria-Markt sorgt für immer frische Zutaten.
C/ Doctor Dou, 10 (Raval), T 933 01 29 40,

Satt & glücklich

www.mamacaferestaurant.com, Metro: Liceu, So–Di 13–16, Mi–Fr, Sa 13–16 und 20–23.30 Uhr, Menüs (auch abends) ab 16 €

Frisch gemischt
Meneghina 🛈 Karte 2, E 2
Ein sehr angenehmes Stubenrestaurant im Born-Viertel. Die italienisch-katalanische Küche kommt leicht, frisch und delikat auf den Teller.
C/ Tiradors, 2–4 (Ribera), T 931 19 22 21, www.meneghina.es, Metro: Arc de Triomf, Di–So 13–15.30, 20–23.30 Uhr, So Abend u. Mo geschl., Tellergerichte ab 16 €

Besuch bei der Bio-Queen
Teresa Carles 🛈 F 5
An der Küche (und den Kochbüchern) von Teresa Carles Borràs orientieren sich vegetarische Hobbyköche von halb Barcelona. Warum? Sie hat den Bogen raus, die klassische katalanische Küche ihrer Großmutter und Mutter aufzunehmen, nur naturnäher und gesünder.
C/ de Jovellanos, 2, T 933 17 18 29, www.teresacarles.com, Metro: Catalunya, tgl. 9–23.30 Uhr, Degustationsmenü inkl. 1 Fl. Wein 30 €. Zweitlokal Flax&Kale unweit in der C/ Tallers, 74b

VON DER HAND IN DEN MUND

Kunst auf Brot
Taverna Basca Irati 🛈 Karte 2, B 2
Bloß nicht übersehen: Der kleine, unauffällige Gastraum kann sich seit vielen Jahren gut gegen die neuen ›Tapas-Supermärkte‹ behaupten. Die Gäste wissen es zu schätzen, wenn bei einer Großauswahl an Kleinigkeiten auch die authentische Tavernenatmosphäre und das Handmade nicht fehlt. Hier sind baskische Brotbelege-Künstler am Werk.
C/ Cardenal Casañas, 17 (Barri Gòtic), T 933 02 30 84, www.iratitavernabasca.com, Metro: Liceu, tgl. 11–24 Uhr, Aug. geschl., 2 € für einen *pintxo* (belegte Brotschnitte)

Sechserplatte
Cerveceria Catalana 🛈 F 3
Diese Bierbar ist wegen ihrer Großauswahl an guten Tapas stadtweit bekannt und immer rappelvoll. Deshalb muss man auf Sitzplätze oft warten. Bei Entscheidungsproblemen ist eine Sechserplatte keine schlechte Wahl.
C/ Mallorca, 236 (Eixample), T 932 16 03 68, keine Website, Metro: Diagonal, Mo–Fr 8–24, Sa/So ab 9 Uhr. Die meisten Gäste werden satt, ohne mehr als 20 € auszugeben.

Dynastisch
Bodega 1900 🛈 C 5
Ein Tapa-Lokal, das absolut auf die Qualität der Basisprodukte setzt. Geführt von Albert Adrià, dem Bruder des Kochweltmeisters Ferran Adrià, steht die Bodega in bester dynastischer Folge der besonders guten Küche.
C/ Tamarit, 91 (Raval), T 933 25 26 59, www.bodega1900.com, Metro: Poble Sec, Di–Sa 13–22.30 Uhr, Tapas und *raciones* (Portionen) 5–10 €

Best Eck
La Plata 🛈 Karte 2, C 5
Die gebackenen Sardinen (2,50 €) liegen auf angestoßenem Porzellan und sind ganz fantastisch. Das Glas Wein dazu gibt es für etwas mehr als einen Euro. Die Bodega ist eine Institution und Barcelonas beste Eck-Kneipe.
C/ Mercè, 28 (Ciutat Vella), T 933 15 10 09, www.barlaplata.com, Metro: Jaume I oder Barceloneta, Mo–Sa 9–15.30, 18.30–23 Uhr, unter 10 €

Ab 1 Euro
El Rincon del Cava 🛈 D 6
Anzug und Krawatte sind hier drin genauso daneben wie die Erwartung auf

Das **Trinkgeld** (*propinas*) wird in Spanien nicht überreicht, sondern nach dem Bezahlen auf dem Tisch liegen gelassen. In Bars lässt man einen Teil des Wechselgeldes zurück, im Restaurant gibt man nach einem größeren Abendessen 2–3 €/Pers.

Satt & glücklich

Stehen ältere Leute am Tresen, gibt's meist gute Hausmannskost – wie im La Plata.

ein Dinner. Hier geht's hemdsärmelig um Deftiges auf kleinen Broten für wenig Geld. Die gute Laune an den meisten Tischen ist gratis.
C/ Blasco de Garay, 53, T 934 41 70 31, keine Website, Metro: Poble Sec, Mo–Fr 9–24, Sa 9–15, 19–1 Uhr, Tapas ab 1 €

Authentisch
Los Toreros 🍴 Karte 2, A 1
Die vielen Stierkampfplakate und -fotos an den Wänden haben bereits eine dicke Patina angesetzt. Schon seit Ewigkeiten treffen sich im Los Toreros einfache Leute aus der Nachbarschaft, um für wenig Geld spanische Hausmannskost zu genießen (z. B. *arroz a la cubana*, Reis mit Tomatenpüree, Spiegelei und gebackener Banane). Wenn Sie Knoblauch nicht mögen, sollten Sie besser woanders essen.
C/ Xuclà, 3–5 (Raval), T 933 18 23 25, www.restaurantelostoreros.com, Metro: Catalunya, tgl. 18–24 Uhr, Hauptgerichte ab 7,50 €

Populär
El Velódromo 🍴 E 2
Hier haben die erfolgreiche Brauerei Moritz und der Starkoch Carles Abellán ein schönes Projekt verwirklicht: Eine ehemalige Kartenspielerkneipe wurde zu einem populären Restaurant im Stil einer Cerveceria gemacht, was einer Bodega entspricht, in der es Bier statt Wein gibt. Preiswerte und gute Speisen vom Frühstück bis zum Abendessen.
C/ Muntaner, 213 (Eixample), T 934 30 60 22, http://moritz.com/es/seccion/el-veldromo-0, Metro: Diagonal, tgl. 6–3 Uhr, also fast rund um die Uhr, Frühstück ab 5 €, Tellergerichte ab 10 €

FISCH & PAELLA

Große Fangemeinde
El Merendero de la Marí 🍴 G 7
Bis 1990 gab es am Strand von Barceloneta kleine Holzbuden, in denen man vorzüglichen Fisch bekam. Diese Buden fielen der Strandsanierung anlässlich der Olympischen Sommerspiele zum Opfer. Auch das El Merendero de la Marí gehörte dazu. Das Lokal hat seine gute Küche in den neuen Palau del Mar getragen und auf diesem Weg seine große Klientel versöhnt. Große Karte, auf der sich viele traditionelle Fischgerichte und Meeresfrüchte finden.
Pl. Pau Vila, 1, Palau de Mar (Port Vell), T 932 21 31 41, www.merenderodelamari.com, Metro: Barceloneta, tgl. 12.30–16, 20.30–23.30 Uhr, Tellergerichte (Fisch) ab 20 €

Satt & glücklich

> ### KLEINE KAFFEEKUNDE
>
> Das mitteleuropäische Café im Sinne der Konditorei oder des Kaffeehauses ist in Barcelona kaum vertreten. Die meisten Cafés haben große Platz- oder Straßenterrassen, und viele sind auch abends geöffnet. Vormittags genießen Sie den großen Milchkaffee (Espresso mit viel Milch). Er heißt im Katalanischen *café amb llet*, im Spanischen *café con leche*. Nach dem Essen wird in der Regel ein Espresso *(café sol/café solo)* oder ein Espresso mit einem kleinen Schuss Milch *(tallat/cortado)* getrunken. Zum Feierabend genehmigen sich viele Spanier auf dem Nachhauseweg einen *carajillo*, einen Espresso mit einem Schuss Cognac. Das sind aber lediglich die ›Grundspielarten‹ – mit Spezialwünschen geht es variantenreich weiter …

Garten heißt in Català ›jardí‹. Fragen Sie in Altstadtlokalen ruhig danach.

Großer Abend
Els Pescadors Karte 3
Dass man einen großen Abend auch in einem kleinen Traditionsrestaurant erleben kann, wissen die Gäste des unweit vom Strand im Vorort Poblenou gelegenen Els Pescadors nur zu gut. Hier gehen holzgetäfelte Gemütlichkeit und beste Fischküche eine gelungene Verbindung ein. Der Weinkeller lässt kaum Wünsche offen.
Plaça Prim, 1 (Poblenou), T 932 25 20 18, www.elspescadors.com, Metro: Poblenou, tgl. 13–14.45, 20–23.30 Uhr, Osterwoche geschl., Fischgerichte ab ca. 30 €

Medio kilo, por favor!
La Paradeta Karte 2, F 3
Im Ambiente einer kleinen Markthalle gibt es hier Meeresfrüchte und Fisch zu fairen Preisen. Das Prinzip: Sie suchen sich an einem großen ›Marktstand‹ aus, worauf Sie Lust haben. Das Angebot ist in Kilopreisen ausgezeichnet und wird abgewogen. Dann kommen die Meeresfrüchte auf die Herdplatte. Diese Art der Marktküche wird immer beliebter und hat schon sieben Ableger in der Stadt – etwa am Passeig de Gràcia oder nahe der Sagrada Família (Passatge Simó, 18, ▶ S. 50).
C/ Comercial, 7 (La Ribera), T 932 68 19 39, www.laparadeta.com, Metro: Jaume I, Di–So 13–16, 20–23.30 Uhr, Mo geschl.

Zeitlos
Set Portes Karte 2, D 5
In diesem Hafenlokal zeigt die Küche ihren Gästen schon seit mehr als 100 Jahren, was das Meer alles an Leckerbissen zu bieten hat. Vor allem die vielen Reisgerichte (z. B. mit der schwarzen Soße vom Tintenfisch) sind unschlagbar. Das unaufdringlich stilvolle Ambiente ist geprägt durch das warme Licht der großen Stofflampenschirme und die großzügige Möblierung. Trotz der langen Warteschlangen vor der Tür ist das Restaurant eine Besonderheit geblieben.
Pg. Isabel II, 14 (Port Vell), T 933 19 30 33, www.7portes.com, Metro: Barceloneta, tgl. 13–1 Uhr, Tellergerichte ab 20 €

Satt & glücklich

Authentisch
Elche D 6

Der aus der Region Valencia, dem Stammland der Paella, stammende Koch bringt nicht nur tolle Reisgerichte auf den Tisch, sondern auch sehr leckere Vorspeisen. Ein unprätentiös und liebevoll geführtes Restaurant. Da die Paella frisch zubereitet wird, gibt es dieses Gericht nur für zwei und mehr Personen.
C/ Vila i Vila 71, (Poble Sec), T 934 41 30 89, www.elcherestaurant.es, Metro: Paral.lel, tgl. 13–16, 19–24 Uhr, Abendessen inkl. Wein ca. 25 €

Quirlige Berühmtheit
Cheriff G 7

Die traditionelle Mischung aus Fisch-, Familien- und Touristenrestaurant im Hafenviertel wird von Kennern als eine der besten Paella-Adressen der Stadt genannt. Schwere Holzstühle, Tischdecken von 1970, klapperndes Geschirr, rufende Kellner – aber es schmeckt.
C/ Ginebra, 15 (Barceloneta), T 933 19 69 84, keine Website, Metro: Barceloneta, Mo–Sa 13.30–16, 20–23 Uhr, So und im Okt. geschl., durchschnittlich 30–35 € für ein gutes Fisch- oder Meeresfrüchtegericht

---

INSTITUTIONEN UND SZENETREFFS

Ganz oben
Café Zürich F 5

Seit Jahrzehnten ist dieses Café mit seiner großen Terrasse an der Plaça de Catalunya der Ort für Verabredungen in der Innenstadt schlechthin. Es gibt kaum einen Roman mit Schauplatz Barcelona, in dem das Zürich nicht vorkommt. Eine große Bahnhofsuhr im Innenraum erinnert an die Zeiten, als nebenan noch Vorortzüge abfuhren.
Pl. de Catalunya, 1 (Eixample), Metro: Catalunya, Mai–Okt. Mo–Fr 8–1, Sa/So 10–1, Nov.–April Mo–Fr 8–23, Sa/So 8–24 Uhr

Süß und fein soll's sein
Café Vienés F 2

Im Rahmen einer aufwendigen Renovierung wurde die Casa Fuster zum gleichnamigen Luxushotel umgewandelt, in dessen Erdgeschoss das edle Konditorei-Café Vienés residiert. Von allen Cafés in Barcelona kommt es mit seinem edlen Ambiente der Kaffeehauskultur, wie man sie aus Wien oder Berlin kennt, am nächsten. An einem Abend in der Woche wird das Café zum Jazzclub.
Pg. de Gràcia, 132 (Eixample), T 932 55 30 00, www.hotelcasafuster.com, Metro: Diagonal, tgl. 9–3 Uhr

Vorstadtidyll
Fragments Cafe B 1

Sie werden Ihre Freude am dörflich-romantischen Ambiente und der gemütlichen Einrichtung des kleinen Restaurant-Cafés haben. Hier trifft man sich am frühen Abend auf ein Glas Rotwein und einige Stückchen Käse. Der kleine Kirchplatz in der Vorstadt Les Corts und dieses Lokal senken den Stresspegel deutlich. Einer meiner Lieblingsorte in Barcelona.
Pl. de la Concòrdia 12 (Les Corts), Metro: Les Corts, T 934 19 96 13, www.fragmentscafe.com, Di/Mi 12.30–1, Do/Fr 12.30–2.30, Sa/So 11.30–1 Uhr, Mo geschl., kleines Abendessen ab 10 €

Sonntagsbrunch
Milk Karte 2, C 4

In der gemütlichen Stube wird es vor allem am Wochenende eng. Der Grund: preiswerte und leckere Frühstücke. Auch am Abend schmecken die fantasievoll

---

> **TISCHLEIN DECK DICH**
>
> Trend und Website tragen denselben Namen: **Eat with.** Sie gehen zum Essen in Privathäuser. Dieses junge Angebot ist in Barcelona mit einer beachtlichen Auswahl vertreten. Es wird über das Internet gebucht und auch bezahlt. Manchmal gibt es dabei tolle Locations zu entdecken (etwa auch Dachterrassen). Die Preise sind in der Regel fair und in keiner Weise überzogen.
> www.eatwith.com, Abendessen mit fünf Gängen und Getränken etwa 50 €

Satt & glücklich

zubereiteten Burger und andere Snacks sehr gut.
C/ Gignàs, 21 (Ciutat Vella), T 932 68 09 22, www.milkbarcelona.com, Metro: Jaume I, tgl. 10–2 Uhr, Brunch ab ca. 10 €

Romantik pur
Pla de la Garsa Karte 2, E 3
In einem Pferdestall aus dem 16. Jh. hat vor mehr als 30 Jahren eine stimmungsvolle Mischung aus Weinstube und Restaurant Platz genommen. Die kleine Gasse, in der sie liegt, ist nicht leicht zu finden, aber die Suche lohnt. Was aus der katalanisch geprägten Küche auch immer auf den Tisch kommt, es schmeckt immer lecker. Die guten Weine und die Kerzenscheinatmosphäre laden zu langem Bleiben ein.
C/ Assaonadors, 13 (Ribera), T 933 15 24 13, www.pladelagarsa.com, Metro: Jaume I, Di–So 19–24 Uhr, Mo geschl., Hauptgerichte ab 13 €

Szene Eins
Café de l'Òpera Karte 2, A 3
Einst für die vornehme Klientel des gegenüberliegenden Opernhauses gedacht, ist das karg, aber gemütlich eingerichtete Café lange schon ein Treffpunkt der städtischen, nationalen und internationalen Boheme. Zur Nonchalance der Atmosphäre kommt als weiteres Plus die große Rambles-Terrasse hinzu.
La Rambla, 74 (Ciutat Vella), T 933 17 75 85, www.cafeoperabcn.com, Metro: Liceu, tgl. 8.30–2.30 Uhr

Design-Tempel
Tragaluz F 3
Das Anfang der 1990er-Jahre eröffnete Restaurant hat in Barcelona ein Stück Gastronomiegeschichte geschrieben – weniger wegen der mediterranen Küche, die frisch, leicht, sehr gut und dabei noch erschwinglich ist, sondern vielmehr wegen Innenarchitektur und Einrichtung. Hier wirkt Eleganz nicht pompös oder maßregelnd, sondern leicht und locker. Beides zusammen: Institution und Treffpunkt einer Designszene ohne Schlips, aber mit Kohle.
Passatge de la Concepció, 5 (Eixample), T 934 87 06 21, www.grupotragaluz.com, Metro: Pg. de Gràcia, tgl. 13.30–16, 20–23.30 Uhr, Tellergerichte ab 21 €

Regional
Taverna el Glop außerhalb des Kartenausschnitts (H 2)
Die kleine Gruppe El Glop hat sich seit ihren Anfängen in den 1970er-Jahren auf eine handfeste katalanische Regio-

---

> **MUSEUMS-CAFÉS**
>
> Einige Museen in Barcelona unterhalten erstaunlich gute Cafeterien und/oder Restaurants. Sie sind immer zugänglich, ohne dass ein Museumseintritt zu bezahlen ist. Wie wär's mit einer Probe aufs Exempel: **Café Faborit** in Casa Amatller (► S. 52), **Museu del Disseny de Barcelona** (► S. 78), **CaixaForum** (► S. 70), **Fundació Miró** (► S. 75) und **Museu Picasso** (► S. 39)?

> **XURROS**
>
> Bei der heute um sich greifenden Zuckerphobie sollte ich Ihnen diesen Tipp eigentlich vorenthalten. Aber lassen Sie mich ein einziges Mal die Schlange am Baum spielen: Vergessen Sie den Apfel und wenden Sie sich der alten spanischen Gebäcktradition der *xurros* (span. *churros*) zu. Das sind ca. 15 cm lange Stangen oder Schleifen aus frittiertem Brandteig, die vor dem Essen in Zucker gewälzt werden. Typische Orte des Verkaufs und Verzehrs sind die *xurrerías*, kleine Frittierbuden, die leider selten geworden sind in Barcelonas Innenstadt: **Xurrería,** C/ Banys Nous, 8 (Karte 2, B 3); **Churrería Granja Ruz,** C/ Princesa, 12 (Karte 2, D 3); **Xurrería Laietana,** Via Laietana, 46 (Karte 2, D 1).

Satt & glücklich

Es ist wie mit der Schokolade: Neun von zehn Befragten geben zu, Xurros zu lieben – und jeder Zehnte lügt …

nalküche verlegt und näher zur Innenstadt auch an der Rambla Catalunya, 65 ein Lokal (El Glop de la Rambla). Wenn Sie also landestypische Hausmannskost probieren möchten, werden Sie hier Ihre Freude haben.

C/ Sant Lluís, 24 (Gràcia), T 932 13 70 58, www.tavernaelglop.com, Metro: Joanic, tgl. 13–24 Uhr, Tellergerichte ab ca. 13 €

Auferstanden
Mordisco 🟠 F 3

Das Lokal machte in den 1980er-Jahren den Anfang mit seiner Kombination aus frischer und delikater Küche, zwanglosem Ambiente und jungem Barcelona-Restaurantdesign. Der große Erfolg ließ die kleine und feine Tragaluz-Gruppe entstehen. Aber irgendwann gab es das kleine Gründungslokal nicht mehr. Umso größer war die Freude, als es 2011 hieß: »El Mordisco ist wieder da.«

Passatge de la Concepció, 10 (Eixample), T 934 87 96 56, www.grupotragaluz.com, Metro: Pg. de Gràcia, tgl. 12.30–0.30 Uhr, Tellergerichte ab ca. 14 €

Lässig
Lo de Flor 🟠 E 5

Zwei gemütliche Wohnzimmer im Szeneviertel Raval. Auf den Tisch kommen Fisch-, Fleisch- und Veggie-Gerichte, fein zubereitet und mit Freundlichkeit serviert.

C/ de les Carretes, 2 (Raval), T 934 43 38 53, www.lodeflorbarcelona.com, Metro: Sant Antoni oder Paral.lel, tgl. 20–24 Uhr, Tellergericht ab ca. 12 €

Viva!
Flash-Flash 🟠 F 2

Als vor langer Zeit Fastfood-Ketten in Europa erfolgreich wurden, erfand ein schlauer Mann die spanische Variante dazu: Tortilla in 200 Variationen. Das mit schönen Fotos dekorierte Restaurant besuchen junge und alte Paare ebenso wie Kinder mit ihren Großeltern. Außerdem gibt sich hier die Kunstszene ein Stelldichein.

C/ Granada del Penedès, 25 (Gràcia), T 932 37 09 90, www.flashflashbarcelona.com, FFCC: Gràcia, tgl. 13–1.30 Uhr, Tellergerichte ab ca. 12 €

Stöbern & entdecken

Boulevards? Gassen?

Mit mehr als 35 000 Geschäften und einer freundlichen Bummelatmosphäre hat sich Barcelona in den letzten Jahren auch zu einem beliebten Ziel für kurze Shoppingtrips entwickelt. Im Fokus steht dabei vor allem Mode. Führende Marken wie Custo, Mango oder Camper sind international erfolgreich und haben eine ganze Horde junger Modedesigner im Schlepptau. Sie haben ihre Läden zumeist im Eixample oder in der Altstadt.

Was die Frage aufwirft, was attraktiver ist: auf den großen Boulevards des Eixample zu flanieren oder Schaufensterbummeln durch Altstadtgassen. Sind die Edel-Stores am Passeig de Gràcia, der Rambla de Catalunya und ihrer Querstraßen den Läden in den Gassen des Gotischen und des Born-Viertels vorzuziehen? Klar: Wer ein paar Tage da ist, kann das eine tun, ohne das andere zu lassen. Mir persönlich ist die Altstadt lieber. Da erwartet mich einfach mehr Spannendes, Überraschendes und Originelles. Da zeigen junge Designerinnen und Designer, was sie draufhaben. Und es gibt auf überschaubarem Raum ein buntes Nebeneinander von Mode, Kunst, Bonbons, Käse, Tischwäsche und Tattoos. In diesen Läden kaufen Dicke und Dünne, Junge und Alte. In den Stores des Eixample ist man tendenziell schlanker und versnobter.

LIEBLINGSBUMMEL

Meine Lieblingsstrecken verlaufen so:
Gotisches Viertel
Plaça del Pi
Carrer Petritxol
Carrer Portaferrissa
Carrer del Pi
Plaça de Sant Josep Oriol
Carrer de la Palla
Carrer dels Banys Nous
Carrer Ferran
Plaça de Sant Jaume
Wegbegleiter sind Mode- und Schuhgeschäfte, Feinkost, Galerien und Antiquitätenläden sowie viele Bars und Cafés.
Born-Viertel:
Carrer de l'Argenteria
Plaça de Santa Maria
Passeig del Born (mit Abstechern in die Seitensträßchen)
Carrer dels Flassaders
Carrer de la Princesa
Carrer del Comerç und weiter in Richtung der alten Markthalle Born
Schwerpunkte: Mode und Design
Gute Orientierung bietet
**www.barcelona
shoppingline.com**
(auch auf Deutsch).

Times are changing: Einst waren Wäscheleinen in Barcelona noch vor den Fenstern, jetzt sind sie dahinter.

Stöbern & entdecken

BÜCHER & MUSIK

Deutschsprachig
Alibri Llibreria 🏠 F 4
Gut sortierter Buchladen mit der größten Auswahl an deutschsprachiger Literatur in der Stadt.
C/ Balmes, 26 (Eixample), www.alibri.es, Metro: Universitat, Mo–Fr 9.30–20.30, Sa 10–20.30 Uhr

Zentraler Multishop
fnac 🏠 F 5
In der großen Einkaufsgalerie ›Triangle‹ an der Plaça de Catalunya macht fnac mit einer großen Auswahl an Büchern, CDs, Mobiltelefonen und Musikgeräten auf sich aufmerksam.
Pl. de Catalunya, 1–4 (Eixample), www.fnac.es, Metro: Catalunya, Mo–Sa 10–21.30, So 11.30–21.30 Uhr

Zum Verweilen
Sala Ciutat 🏠 Karte 2, C 3
Der schöne, von der Stadtverwaltung geführte Laden fügt sich in das Areal des Rathauses an der zentralen Plaça Sant Jaume ein. Er ist auf z. T. mehrsprachige Bücher zum Thema Barcelona spezialisiert von Comics bis zu literarischen Stadtführungen – man will gar nicht aufhören mit dem Stöbern und Blättern.
C/ Ciutat, 2 (Barri Gòtic), T 932 56 39 90, http://ajuntament.barcelona.cat/salaciutat, Metro: Jaume I, Mo–Sa 11–20 Uhr

DELIKATESSEN & LEBENSMITTEL

Wie beim Juwelier
Cacao Sampaka 🏠 F 4
In dem für seine Inneneinrichtung mehrfach preisgekrönten Geschäft wird Schokolade präsentiert wie andernorts Juwelen. Albert Adrià, Bruder des international bekannten Starkochs, hat diese Schokoladen-Boutique erfolgreich gemacht. Termine für Verkostungen hängen aus. Die einbezogene Kaffeebar schließt um 20 Uhr.
C/ Consell de Cent, 292 (Eixample), www.cacaosampaka.com, Metro: Pg. de Gràcia, Mo–Sa 9–21 Uhr, So/Fei geschl.

Süße Architektur
Oriol Balaguer 🏠 C 1
Wenn es um Süßes geht, gibt Oriol Balaguer den Takt und die Strukturen an. Seine Kreationen aus Schokolade sind so kunstvoll, dass man sich kaum traut, sie zu vernaschen. Balaguer veröffentlicht auch Bücher zu seiner süßen Architektur, die sich bestens als Mitbringsel eignen. Mein Tipp: hinfahren, staunen, probieren.
Travessera de les Corts, 340 (Les Corts), www.oriolbalaguer.com, Metro: Entença, Mo–Fr 8–14.30, 16–20 Uhr, Sa, So/Fei 9–14.30 Uhr, Aug. komplett geschl.

Schon immer
Múrria 🏠 G 3
Das Jugendstilhaus ist mit seiner Einrichtung, die an alte Kolonialwarenläden erinnert, für Genießer aus und in Barcelona seit drei Generationen ein Muss. Viel Feinkost aus der Region, vor allem eine Großauswahl an Käse und Wein.
C/ Roger de Llúria, 85 (Eixample), www.murria.cat, Metro: Pg. de Gràcia, Di–Fr 10–20.30, Sa 10–14, 17–20.30 Uhr

Riesige Auswahl
Vila Viniteca 🏠 Karte 2, D 4
Eine der größten und bestsortierten Weinhandlungen der Stadt. Mehr als 3000 regionale, nationale und internationale Weine. Freundliche, mehrsprachige Beratung. Samstagvormittags gibt es oft kostenlose Proben.
C/ Agullers, 7 (La Ribera), www.vilaviniteca.es, Metro: Jaume I, Mo–Sa 8.30–20.30 Uhr

MÄRKTE & FLOHMÄRKTE

Wann kommst du?
Mercat de Sant Antoni 🏠 D 5
Die Markthalle ist eine sternförmig angelegte Eisenkonstruktion des 19. Jh. Eine umfassende Restaurierung verzögert sich durch archäologische Funde und soll 2017 abgeschlossen werden. Bis dahin findet der sonntägliche Bücherflohmarkt (traditionell rund um die Markthalle) in der nahen Straße Comte d'Urgell, im Abschnitt zwischen

Stöbern & entdecken

den Querstraßen Floridablanca und Tamarit, statt.
C/ Comte d'Urgell/Ecke Manso (Sant Antoni), www.mercatdesantantoni.com, Metro: Sant Antoni

Viktualien
In den Direktkapiteln sind Barcelonas drei populärste Lebensmittelmärkte **Boqueria** (▶ S. 20), **Mercat de Santa Caterina** (▶ S. 45) und **Mercat de Llibertat** (▶ S. 57) beschrieben.

Zum Stöbern
Encants 🅰 K 4
Einer der ältesten Flohmärkte Europas bekam 2013 eine moderne, etwas unterkühlte betonierte Fläche. Hübsche Antiquitäten findet man leider nur noch ganz selten. An den meisten Ständen werden neue Küchengeräte und/oder abgenutzte Gebrauchsgegenstände feilgeboten.
Av. Meridiana 69 (Sant Martí), Metro: Glòries, www.encantsbcn.com, Mo, Mi, Fr, Sa 9–20 Uhr

Mini-Version
Petits Encants 🅰 Karte 2, E 2
Ein kleines Ladengeschäft als Fundgrube für Antiquitätenjäger. Vor allem gut bestückt mit alten Wanduhren. Diese Stube mal zehn, dann hätte man wieder einen tollen Flohmarkt.
Basses de St. Pere, 24 (Ribera), www.antiquitatsraich.com, Metro: Arc de Triomf, unregelmäßige Öffnungszeiten

FLOHMÄRKTE

Seltener Gast
SusiSweetDress 🅰
Ein Blick auf die Website verrät, wann und wo dieser Flohmarkt mit Vintagemode für Frauen gerade wieder in Barcelona Station macht (immer drei Tage). Schauen Sie mal vorbei, es lohnt.
www.susisweetdress.com

Gefunden: Vintage
Lost & Found Market 🅰 F 8
Dieser unregelmäßig (etwa viermal im Jahr) stattfindende Flohmarkt für Secondhand- und Vintage-Teile ist beliebt, weil immer mit attraktiven Ständen bestückt. Auf der Website finden sich die genauen Termine.
Plaça del Mar (Barceloneta), www.lostfoundmarket.com/bcn

Der Schönste überhaupt
Palo Alto Market 🅰 Karte 3
Der schönste Flohmarkt, den ich kenne. Und das bezieht sich nicht nur auf Barcelona. Er nutzt ein ehemaliges Fabrikgelände und heutiges Kreativzentrum als seine Bühne. Ein Blick auf die Website vermittelt ein wenig von der schönen Stimmung. Leider findet dieser schöne Flohmarkt nur einmal im Monat statt. Aber wenn Sie ein ›erstes Wochenende im Monat‹ nach Barcelona führt, dann nix wie hin.
C/ dels Pellaires, 30 (Poblenou), www.paloaltomarket.com, Metro: Poblenou, 1. Wochenende im Monat Sa/So 11–21 Uhr

GESCHENKE, DESIGN, KURIOSES

Wie gemalt
Bon Vent 🅰 Karte 2, D 3
In den kleinen Lädchen ist das Sortiment an Wohnaccessoires so geschmackvoll zusammengestellt und präsentiert, dass man meint, alles Unnötige plötzlich ganz dringend zu benötigen. Wer dem Lädchen 15 Min. opfert, erhält sie als wirkliches Shoppingerlebnis zurück. Wenn einen guter Geschmack noch zum Staunen bringen kann, dann hier.
C/ Argenteria, 41 (Ribera), www.bonvent.cat, Metro: Jaume I, Mo–Sa 10–20.30 Uhr

Design des 19. Jh.
Bulevard dels Antiquaris 🅰 F 3
Mehr als 70 Einzelgeschäfte widmen sich unter einem großen Dach dem Antiquitätenverkauf. Mit Dingen, wie sie hier angeboten werden, waren die noblen Stadthäuser des Eixample im 19. Jh. eingerichtet.
Pg. de Gràcia, 55–57 (Eixample), www.bulevarddelsantiquaris.com, Metro: Pg. de Gràcia, Sept.–Juni Mo–Sa 9.30–13.30, 16.30–20.30, Juli/Aug. Sa geschl.

Stöbern & entdecken

klein GROSS
CONCRET BCN 🛍 Karte 2, D 4
Ein Laden mit schönen Stücken (Einrichtung, Accessoires) in vielen Größen und Preisklassen. Hier zeigt sich aktuelles Design aus Barcelona.
Volta dels Tamborets, 5 (Ribera), www.concret.es, Metro: Jaume I, Mo–Sa 11–14, 17–21 Uhr

Schöne Stoffe
L'Arca 🛍 Karte 2, B 2
Haben Sie Freude an Stoffen und Stickereien? Dieses Traditionsgeschäft hat ein schönes Sortiment an Tischwäsche und historischen Textilien bereit.
C/ Banys Nous, 20 (Barri Gòtic), www.larca.es, Metro: Liceu, Mo–Sa 11–14, 16.30–20.30 Uhr, zwei Wochen im Aug. geschl.

Outlet
Pilma 🛍 C 3
Mit vier Geschäften in Barcelona eines der erfolgreichsten Einrichtungshäuser. Kleine und große Artikel, viel Design.
Outlet in der C/ Llançà, 33 (Eixample), https://pilma.com/botigues/outlet/, Metro: Tarragona, Mo–Sa 10–20.30 Uhr

Stühle und Stücke
Room Service Design 🛍 E 5
Ausstellungs- und Verkaufsgalerie von kleineren und größeren Möbelstücken (viele Sitzmöbel), zumeist aus der Hand namhafter spanischer Designer.
C/ dels Àngels, 16 (Raval), www.roomsd.com, Metro: Liceu, Mo–Fr 11–14, 16.30–19 Uhr

Mein Favorit
The only fish in the sea 🛍 G 8
Lauter Kleinkram zum Schönerwohnen, Witziganziehen usw. – ein Spielzimmer für Erwachsene mit vielen Dingen (vor allem mit Bezug zu Strand und Meer), die sich hervorragend als Mitbringsel eignen. I love it.
C/ L'Atlantida, 47 (Barceloneta), www.facebook.com/theonlyfishInthesea, Metro: Barceloneta, Mo 16–21, Di–Sa 12–21 Uhr, So geschl.

Hingucker
Arenas Shoppingcenter 🛍 C 4
Hinter der restaurierten Fassade einer ehemaligen Stierkampfarena finden

1000 schöne Läden, aber die Highlights muss man erst mal finden: Das Bon Vent im Born ist eins.

sich auf fast 30 000 m² Shopping- und Freizeitfläche viel Mode, ein Fitnessstudio und oben eine imposante Aussichtsplattform mit einer Großauswahl annehmbarer Restaurants. Ein vergleichbares Sortiment gibt es auch in der Großgalerie **L'illa** (Diagonal, 545–565) und bei **El Corte Inglés** (z.B. an der Plaça de Catalunya).
Gran Via de les Corts Catalanes, 373–385 (Eixample), www.arenasdebarcelona.com, Metro: Espanya, Mo–Sa 10–22 Uhr, Gastronomie tgl. 10–0.30 Uhr

MODE & KOSMETIK

Eleganz erleben
Antonio Miro 🛍 F 3
Die hochwertige Herrenmodemarke hat ihren Store in Barcelona zu einem Veranstaltungsort gemacht. Eleganz soll hier nicht nur gekauft, sondern über verschiedene Kanäle (Ausstellungen, Lesungen) als Haltung transportiert werden.
C/ Enric Granados, 46 (Eixample), www.antoniomiro.es, Metro: Diagonal, Mo–Sa 10.30–20.30 Uhr

Stöbern & entdecken

Bisweilen scheinen sich Schaufensterpuppen auf die Straße zu verirren.

Länger bleiben
Camino Born 🛍 Karte 2, E 3
Klassisch edle Frauen- und Männermode sowie Taschen, Accessoires und eine gute Auswahl an Schuhen. Hier schaut man sich gerne länger um.
C/ Princesa, 46 (Ribera), www.thecaminostore.com/nuestras-tiendas, Metro: Jaume I, Mo–Sa 12–20.45 Uhr

Junge Mode
COSHOP 🛍 F 5
Junge Designer/-innen der Stadt präsentieren hier einem vorwiegend jungen Publikum (Frauen und Männer) Freizeit- und Partymode.
C/ Tallers, 35 (Raval), www.coshop.es, Metro: Catalunya, Mo–Sa 10–20.30 Uhr

Weltberühmt
Custo Barcelona 🛍 Karte 2, E 4
Julia Roberts, die Backstreet Boys und andere prominente Träger haben die Shirts und Jeans dieser Marke aus Barcelona weltweit bekannt gemacht.
Pl. Les Olles, 7 (La Ribera), www.custo.com, Metro: Barceloneta, Mo–Sa 10–21 Uhr (Filiale: C/ Ferran, 36)

Knallbunt
Desigual 🛍 G 4
Natürlich kommen Sie in Barcelona nicht an Desigual vorbei. Das Unternehmen hat jede Menge Filialen und Lizenzhändler in der Stadt, außerdem ein Outlet im Eixample. Dort werden Modelle der Vorsaison bis zu 50% günstiger verkauft. Aber das ist kein Problem, da das Design des knallbunten Patchworks eh gleich bleibt. Also sieht man's nicht.
Outlet: C/ Diputació, 323 (Eixample), 140, www.desigual.com, Metro: Girona, Mo–Sa 10–21 Uhr

Off- und Online
Trait Store 🛍 D 5
Streetwear für modebewusste Frauen und Männer. Dazu viele Accessoires und eine große Kollektion an Taschen, Klein-Rucksäcken und Sonnenbrillen.
C/ Parlament, 28 (Raval), www.traitstore.com, Metro: Poble Sec, Mo–Sa 11–14, 16–20.30 Uhr

Kennt man
Zara 🛍 F 4
Die international erfolgreiche Modehauskette galicischen Ursprungs hat einige innerstädtische Filialen; für Damen und Herren ebenso wie für Kinder. Teil des Erfolges ist die Preispolitik: Die Kleidung ist für große Bevölkerungsteile erschwinglich.
Pg. de Gràcia, 16 (Eixample), www.zara.com, Metro: Pg. de Gràcia, Mo–Sa 10–21 Uhr; auch Rambla de Catalunya, 67 (Eixample), Portal de L'Angel, 11–13, und 32–34 (Barri Gòtic) sowie Pelai, 58 (Raval).

Stöbern & entdecken

Schrill
Les Topettes 🛈 E 5
Ich wusste bisher nicht, dass man in Parfümerien stöbern kann. Der schrille, bunte, überbordende Laden im Raval hat mich eines Besseren belehrt. Seifen, Parfüms, Cremes und weitere feine Duftprodukte, die man in keiner Drogerie sieht. Dazu kommt ein sehr freundliches Personal.
C/ Joaquim Costa, 33 (Raval), www.lestopettes.com, Metro: Universitat, Mo 16–21, Di–Sa 11–14, 16–21 Uhr

Farbrausch
Lush Cosmetics 🛈 F 4
Auf den ersten Blick wirkt dieses Seifengeschäft wie ein Kirmesstand: Farben und Düfte ohne Ende, alles schön auf Stapel gehäuft.
Rambla de Catalunya, 52 (Eixample), https://es.lush.com, Metro: Passeig de Gràcia, Mo–Sa 10–21.30 Uhr

....
SCHUHE, TASCHEN, ACCESSOIRES
....

Feines Leder
Alexis Fasoli 🛈 Karte 2, D 4
Ein tolles kleines Lederatelier, in dem alle Produkte selbst entworfen und von Hand gefertigt werden. Keine ausgeflippten Sachen, sondern meist klassisch-elegant. Ein Blick in diesen Laden lohnt immer.
Volta dels Tamborets, 4 (Ribera), www.alexisfasoli.com, Metro: Jaume I, Mo–Do 12–20, Fr/Sa 11–21 Uhr

Preiswerter als daheim
Camper 🛈 F 5
Die modische Schuhmarke aus Mallorca hat auch in Barcelona einige Filialen, in denen Damen- und Herrenschuhe günstiger angeboten werden als in Deutschland. Übrigens: Im Raval-Viertel haben die Camper-Leute ein Hotel eingerichtet. (▶ S. 87)
Pl. de Catalunya, Galerie El Triangle (Eixample), www.camper.com, Metro: Catalunya, Mo–Sa 10–22 Uhr. Filialen: Pg de Gràcia, 2–4 (Eixample), Rambla de Catalunya, 122 (Eixample), Placeta Montcada, 11 (Ribera)

Hinter der spannenden Website **www.rutadelsemblematics.cat** verbergen sich zahlreiche kleine Geschäfte und Lokale, allesamt mit mehr als 100 Jahren Geschichte auf dem Buckel. Viele dieser Läden sind in ihrer Existenz bedroht, da die Mieten in Barcelonas Innenstadt absurd hoch sind. Stellen Sie sich auf der Website einfach Ihre persönliche Route an Jugendstil-Fassaden entlang zusammen, und los geht's.

Handwerk am Fuß
La Manual Alpargatera 🛈 Karte 2, B 3
Hier haben schon unzählige Prominente aus halb Europa zugesehen, wie Leinenschuhe mit Bastsohlen *(espadrilles)* maßgefertigt werden. Sie werden staunen, wie variantenreich dieser Typ von Schuh sich zeigen kann.
C/ Avinyó, 7 (Ciutat Vella), www.lamanualalpargatera.es, Metro: Liceu, Mo–Sa 9.30–13.30, 16.30–20 Uhr

Cydwoq Shoes
Nu Sabates 🛈 Karte 2, D 3
Kunsthandwerk für die Füße, aber alltagstauglich: So sehen die Besitzer dieses sympathischen Ladens ihr Sortiment, das von der US-Marke Cydwoq getragen wird. Dazu kommen Labels wie De Valerio aus Italien und Deux Souliers aus Katalonien. Hier gibt es nur Einzelanfertigungen in toller Qualität.
C/ Cotoners, 14 (Ribera), www.nusabates.es, Metro: Jaume I, Mo–Sa 11–21 Uhr

Taschen, Beutel & Co
Vaho 🛈 F 5
Bunte und robuste Messenger Bags haben mich in das Geschäft reingezogen. Und dann fand ich auch die kleineren Beutel und Börsen sehr hübsch.
C/ Bonsuccés, 13 (Raval), www.vaho.ws, Metro: Catalunya, Mo–Sa 10.30–21.30, So 10–20 Uhr

Ab in die Nacht!

›Dar una vuelta‹ bedeutet so viel wie ›eine Runde drehen‹, meist abends oder nachts. Und bevor man in Spanien erwachsen ist, muss man viele Runden gedreht haben. Mit mehr als 500 Musikbars, Clubs, Abendcafés, Vinotheken, Discos, Flamencobühnen, Jazzkellern und Tanzsälen macht Barcelona Ihre Ausgehträume wahr.

Dabei betreibt Barcelonas Jugend auch Traditionspflege. Wundern Sie sich also nicht, wenn Sie am Strand oder auf einem der Stadtplätze von einem Flashmob überrascht werden, bei dem 40 oder 50 junge Leute zu **Swing-Musik** tanzen. Zur Swing-Szene der Stadt informiert die Seite www.bcnswing.org. Auch **Salsa** scheint hier nie aus der Mode zu kommen. Diesbezüglicher Treffpunkt ist der Antilla BCN Latin Club (www.antillasalsa.com). Ein weiterer wiederbelebter Brauch ist die aktive Pflege alter **Wermutbars**. Bars wie die hundertjährige Bodega Saltó (Poble Sec, C/ Blesa, 36) oder die Cala del Vermut (Barri Gòtic, Magdalenes, 6) sind wieder oder immer noch populär. Ganz anders, aber ebenso trendy sind **Rooftop-Partys,** seit es überall Pools auf den Hoteldächern gibt: so auf der Dachterrasse des W Hotel in Barceloneta, des Grand Hotel Central, des Hotels 1898 an den Rambles sowie des H10 Hotels in der Montcada-Gasse. Ein ähnliches sommerliches Abendvergnügen bieten Gaudís Bauwerke La Pedrera, Casa Batlló und Palau Güell mit ihren **Nits d'Estiu**.

ZUM SELBST ENTDECKEN

Das Publikum der einzelnen Ausgehviertel lässt sich etwa so unterteilen: Im Eixample (vor allem in den Straßen Aribau, Balmes, Muntaner) verkehren zumeist ›beautiful people‹. In der Altstadt um die Plaça Reial ist alles bunt gemischt. Im Born und im Raval trifft man eher die Subkulturen, während es am Olympiahafen sehr touristisch zugeht.

NETZNEWS

Alles, was sich in der Musik- und Discoszene der Stadt tut, können Sie nachlesen unter www.atiza.com, Hinweise auf gute Konzerte aus den Sparten Jazz und Klassik finden sich auf www.masimas.com.

»Irgendwo habe ich mal gelesen, dass Barcelona mehr Bars und Nachtlokale hat als ganz Schweden.«

Wenn die Nacht beginnt

BARS UND KNEIPEN

Wie in Paris
Bar Pastis ☼ E 6
Die Bar zieht seit den 1940er-Jahren die Freunde des Chansons an. Ihre etwas düstere Stimmung passt zum existenzialistischen Habitus. Sonntags finden hier kleine Livekonzerte verschiedenster Musikrichtungen statt.
C/ Santa Mònica, 4 (Raval), www.barpastis.com, Metro: Drassanes, tgl. 19.30–2.30 Uhr

Top-Mojitos
Schilling ☼ Karte 2, B 3
Ob schwul oder nicht, wer gute Mojitos und leckere Kleinigkeiten mag, schlägt hier auf. Ein angenehmes Abendcafé in der Altstadt.
C/ Ferran, 23 (Barri Gòtic), www.cafeschilling.com, Metro: Liceu, Mo–Sa 10–2.30 Uhr

Wo Hemingway abhing
Boadas ☼ Karte 2, B 1
Älteste und stilvollste Cocktailbar der Stadt. Als Ernest Hemingway in den 1930er-Jahren als Kriegsreporter am Spanischen Bürgerkrieg teilnahm, blieb er auch längere Zeit in Barcelona und machte das Boadas zu einem seiner Stammlokale.
C/ Tallers,1 (El Raval), www.boadascocktails.com, Metro: Catalunya, Mo–Do 12–2, Fr/Sa bis 3 Uhr

Picasso & Friends
Els Quatre Gats ☼ Karte 2, C 1
Auf immer wird dieses Lokal mit Pablo Picasso und seinen Künstlerfreunden verbunden sein. Hier bezahlte der 16-jährige Kunstschüler Pablo seinen Deckel mit Entwürfen für die Speisekarte. Heute eine Mischung aus Weinlokal, Bar und Restaurant.
C/ Montsió, 3 (Ciutat Vella), www.4gats.com, Metro: Urquinaona, tgl. 10–2 Uhr

Gimlets Nachfolger
Juanra Falces ☼ Karte 2, E 3
Nachdem sie 30 Jahre als ›Gimlet‹ firmierte, hat die Bar, die einst das Cocktail-Trinken in Barcelona einführte, nun ihren Namen geändert, nicht aber die gute Qualität. Eine kleine Bar mit großer Atmosphäre.
C/ Rec, 24 (La Ribera), Metro: Jaume I, www.facebook.com/cocktailbargimlet/, So/Mo 22–3, Di–Sa 20–3 Uhr

Campari e più
Milano Cocktail-Bar ☼ F 4
Cocktails mit Campari stehen im Mittelpunkt. Aber drumherum gibt es in dieser metropolitan geprägten Bar jede Menge anderer guter Rezepte. Ein angenehmer Treffpunkt der Intellektuellen aus dem Eixample. Abends regelmäßig Livemusik (meist Jazz).
C/ Ronda Universitat, 35 (Eixample), www.camparimilano.com, Metro: Catalunya, tgl. 12–2.30 Uhr

Das Lichtermeer zu Füßen
Mirablau ☼ außerhalb G 1
Eine der schönsten Abendbars ist dieses Mirablau, denn hoch am Berg gelegen, verfügt der Großraum über eine Glaswand, die es erlaubt, mit dem Drink in der Hand den Ausblick auf die Lichter der Stadt zu genießen.
Pl. Doctor Andreu, s/n (Tibidabo), www.mirablaubcn.com, FFCC: Av. del Tibidabo, So–Do 11–4.30, Fr/Sa bis 5 Uhr

30 plus
Miramelindo ☼ Karte 2, E 4
Ein Klassiker für den späteren Abend. In dem großen Gewölbe sehen Sie vor allem die Altersgruppen 30 und aufwärts. Sie genießen zum Wein oder Cocktail angenehme Barmusik. Auch ein Tipp für allein reisende Frauen.
Pg. del Born, 15 (La Ribera), www.barmiramelindobcn.com, Metro: Jaume I, tgl. 20–2.30 Uhr

Szenetreff
Rita Blue ☼ Karte 2, A 2
Die Abendbar mit Restaurant ist Treffpunkt für ein internationales, junges Publikum. Bei sommerlichen Temperaturen lässt sich auf der Terrasse auch das schöne Ambiente des ehemaligen Klosterplatzes genießen.
Pl. Sant Agustí, 3 (El Raval), www.ritablue.com, Metro: Liceu, tgl. 11–2 Uhr

Wenn die Nacht beginnt

Zu den Besonderheiten des sommerlichen Abendprogramms (Mai–Sept.) in Barcelona gehören stimmungsvolle abendliche Jazz-Ausfahrten mit dem Katamaran Orsom.
www.barcelona-orsom.com, ca. 90 Min., 17,50 €/Pers.

Gin 1
Rubi Bar ✪ Karte 2, D 3
In dieser beliebten kleinen Abendbar ist selbst gemachter Gin die Spezialität. Mein Tipp: Gin Tonic mit Erdbeere und Minze Gin. Gemütlich ist es zwischen 21 und 22 Uhr, danach wird's meistens eng, sodass Sie zur Sicherheit etwas auf Ihren Geldbeutel achten sollten.
C/ Banys Vells, 6 (Ribera), keine Website, Metro: Jaume I, So–Do 19.30–2.30, Fr/Sa 19.30–3 Uhr

Gin 2
Xixbar ✪ D 5
Hier wurden einst Milch und Käse über den Marmortresen gereicht. Das hat sich längst geändert, und es sind fast 100 Sorten Gin daraus geworden. Das Tante-Emma-Lädchen lebt weiter, jetzt als erste Adresse für gute Gin-Tonics.
C/ Rocafort, 19 (Sant Antoni), www.xixbar.com, Metro: Poble Sec, Mo 18.30–2.30, Di–Sa 17–2.30 Uhr, So geschl.

Im Stehen
Xampanyeria Can Paixano ✪ G 7
Auf einen langen Abend in Barceloneta stimmt man sich gerne hier ein, zwei Gläsern Cava ein. Zwischen Hochregalen, Kisten und von der Decke hängenden Schinken kommt immer Laune auf. Und wenn Sie Lust haben: Im angeschlossenen Laden gibt's die angebotenen Getränke und Speisen auch zum Mitnehmen.
C/ Reina Cristina, 7, www.canpaixano.com, Metro: Barceloneta, Mo–Sa 9–22.30 (Laden 9–15, 15.30–20) Uhr, So/Fei sowie Aug.–Anfang Sept. geschl.

JAZZ & MEHR LIVEMUSIK

Musikalischer Cocktail
Café Royale ✪ Karte 2, A 4
Vielleicht ein bisschen zu viel Glitzer und Glimmer auf kleinem Raum, aber mit großer Getränkeauswahl und regelmäßig guten Livemusik-Sessions (Flamenco bis Funk). Ab 2 Uhr geht's mit einem DJ weiter.
C/ Nou de Zurbano, 3 (Ciutat Vella), keine Website, Metro: Liceu, tgl. 20–3 Uhr

Aktiver Veteran
Harlem Jazz Club ✪ Karte 2, B 4
In einem der ältesten & besten Jazzclubs der Stadt gibt es jeden Abend ab 22.30 Uhr Livemusik (auch mit internationalen Größen). Gebrauchsspuren eines alten Jazz-Schuppens und Bierkistenatmosphäre inbegriffen.
C/ Comtessa de Sobradiel, 8 (Ciutat Vella), www.harlemjazzclub.es, Metro: Jaume I, Mo–Do 20–4, Fr/Sa bis 5 Uhr

So ein Theater
Luz de Gas ✪ E 1/2
In dem ehemaligen Theater geht es seit ein paar Jahren nur um Musik und Tanz. Ab und an finden auch kleine Livekonzerte statt in dieser Top-Adresse des Nachtlebens (Rock, Jazz und Oldies).
C/ Muntaner, 246 (Eixample), www.luzdegas.com, FFCC: Muntaner, Mi–Sa 24–5 Uhr

Jetzt in Gràcia
Pipa Club ✪ außerhalb H 3
Der 2015 erfolgte Umzug des altehrwürdigen Pfeifenraucher- und Jazzclubs von der Plaça Reial ins Künstlerviertel Gràcia wurde in der Presse als Beispiel eines bedenklichen Trends gegeißelt. Immobilien in der Innenstadt lassen sich bei touristischer Vermietung vergolden, und so müssen sich weniger zahlungskräftige Mieter aus der Innenstadt zunehmend verabschieden. Dass sich damit eine schleichende Verarmung der Infrastruktur verbindet, wird übersehen. Auch am neuen Standort hat der Club mit seinen attraktiven Veranstaltungen eine große Fangemeinde.

Wenn die Nacht beginnt

C/ Santa Eulália, 21 (Gràcia), www.bpipaclub.com, Metro: Verdaguer, Di 21–24, Fr–So 22–2 Uhr

Groove im Keller
Robadors 23 E 6
Live-Jazz (Sa Flamenco) auf einer Minibühne in einem engen Keller bei günstigen Eintritten und Getränken. Alleinreisende sollten nach den Konzerten gleich zu den belebten Rambles gehen, da in dieser Gegend des Raval-Viertels die Drogenkriminalität nach wie vor ein Thema ist.
C/ En Robador, 23 (El Raval), www.23robadors.wordpress.com, Metro: Liceu, Di–So ab 21 Uhr

FLAMENCO & GITARRE

Touristisch
Tablao de Carmen B 5
Touristische Shows, die oft nach einem Abendspaziergang durch das Poble Espanyol besucht werden. Dabei betonen Kenner, dass die Flamenco-Aufführungen hier nicht von schlechter Qualität seien.
Av. de Francesc Ferrer i Guàrdia, s/n, Poble Espanyol (Montjuïc), www.tablaodecarmen.com, Metro: Espanya, Aufführungen tgl. 19 und 21.30 Uhr

Im Harlem Jazz Club gibt es auch guten Flamenco.

HOCHKARÄTIGE GITARRENKONZERTE

Von Juni bis Oktober finden regelmäßig Konzerte für klassische spanische Gitarre in zwei Kirchen des Gotischen Viertels statt: **Santa Maria del Pi** (▶ S. 29) und **Iglesia de Santa Anna** (▶ S. 85). In sehr stimmungsvoller Atmosphäre kann man dort sehr gute internationale Gitarristen erleben. Termine und Karten auch online über www.bcnshop.com. Auch der prachtvolle **Palau de la Música Catalana** (▶ S. 47) ein besonders eindrucksvoller Aufführungsort für Gitarrenkonzerte. Alljährliche Flamenco- und Gitarrenfestivals in Barcelona sind im Veranstaltungskalender in der vorderen Umschlagseite verzeichnet.

Flamenco puro
Los Tarantos Karte 2, A 3
Die traditionelle, gute Flamenco-Adresse hat kein festes Ensemble, das täglich sein Programm abspult, sondern wechselnde Akteure aus der Flamenco-Szene, die diese Bühne sehr schätzt.
Pl. Reial, 17 (Ciutat Vella), www.masimas.com, Metro: Liceu, tgl. Aufführungen 20.30, 21.30, 22.30 Uhr

TANZEN

Karibik-Feeling
Antilla BCN Latin Club D 3
Im Club des Karibik-Kultur-Zentrums können Sie Salsa tanzen lernen oder bis früh am Morgen die Musik einfach live genießen. Das immer gut gelaunte und tanzwütige Publikum schätzt auch Rumba oder Merengue. Der Club ist seit Langem der Fixstern in Barcelona für alle Salsa-Fans.
C/ Aragó, 141 (Eixample), www.antillasalsa.com, Metro: Urgell, Mi/Do 23.30–3.30, Fr/Sa 23.30–4.30, So 21–3.30 Uhr

Wenn die Nacht beginnt

Gay Barcelona
Arena Classic ⚙ F 4
Eine der drei Discos mit dem ›Vornamen‹ Arena. Im Classic spielt die Musik nach dem Geschmack von Gästen über 40, während das nah gelegene **Arena Madre** (C/ Balmes, 32, Eixample, Metro: Universitat, tgl. 0.30–6 Uhr) fast nur jüngere Männer anspricht. Das **Arena VIP** (Gran Via des les Corts Catalanes, 593, Eixample, Metro: Pg. de Gràcia, Fr/Sa und vor Feiertagen 0.30–6 Uhr) ist ebenfalls beliebt.
C/ Diputació, 233 (Eixample), www.grupoarena.com, Metro: Universitat, Fr/Sa 0.30–5 Uhr

25 plus minus 55
Guzzo Club ⚙ Karte 2, E 4
In der angenehmen Mischung aus Bar, Lounge und Disco spielen ab und zu auch kleine Live-Gruppen. Das Publikum pendelt bunt gemischt zwischen 25 und 55 herum.
Pl. Comercial, 10 (Ribera), www.guzzoclub.es, Metro: Jaume I, Mo–Sa 18–3, So 12–3 Uhr

---

WO BITTE GEHT'S ZUM FILM?

Mehr als 80 Kinos gibt es für Spanisch-Sprechende. Wenn Sie Filme in Originalfassung oder mit englischen Untertiteln suchen, werden Sie auf den Websites folgender Kinos fündig: **Cinemes Verdi Park** (G 1, C/ Verdi, 32, Gràcia, www.cines-verdi.com, Metro: Fontana) und **Filmoteca de Catalunya** (E 6, Pl. de Salvador Seguí, 1–9, Ciutat Vella, www.filmoteca.cat). **Gratisvorführungen unter freiem Himmel** finden jedes Jahr im Juli und der 1. Augustwoche Do und So 21 Uhr statt (Originalversionen mit spanischen oder katalanischen Untertiteln, www.cinemalliure.com).
Und Beachtung verdient immer auch das **Festival des fantastischen Films** im nahen, sehr schönen Strandort Sitges (www.sitgesfilmfestival.com).

ES SWINGT IM PARK

Am 1. und 3. So im Monat tauchen im **Ciutadella-Park** regelmäßig Tanzgruppen zu **Swing**-Demonstrationen auf. Wenn Sie da mal vorbeischauen wollen, werden Sie's nicht bereuen.
Okt.–April 12–14.30, Mai–Sept. 18–20.30 Uhr

Evergreen
Karma ⚙ Karte 2, A 3
Der Discokeller an der Plaça Reial hat alle Moden und Trends der letzten Jahrzehnte überlebt und gehört zum Nachtleben der Stadt einfach dazu.
Pl. Reial, 10 (Ciutat Vella), www.karmadisco.com, Metro: Liceu, Di–So 24–5 Uhr

Guten Morgen
La Terrrazza ⚙ B 5
Die am Poble Espanyol gelegene Gartendiskothek mit den drei ›r‹ liegt wegen ihrer lebendigen Partys bis zum Morgen stets im Streit mit Zeitgenossen, die sich in ihrer Nachtruhe gestört fühlen. Aber viele Nachtschwärmer haben halt besonders in der Sommerzeit einfach Bock, nach einer Runde durch die Stadt noch am Montjuïc vorbeizuschauen, um sich einen guten Morgen zu wünschen.
Av. de Francesc Ferrer i Guàrdia, s/n (Montjuïc), Metro: Espanya, Fr/Sa 24–6 Uhr, Mitte Okt.–Ende Mai geschl.

Ex-Autowerkstatt
Macarena ⚙ Karte 2, B 4
Die ehemalige kleine Autowerkstatt könnte lange Geschichten über ihren Wechsel vom Tag- ins Nachtleben erzählen. Viele Jahre residierte hier eine dunkle Kaschemme, in der es authentischen Flamenco gab, wenn die Stammgäste andalusischer Herkunft genug getrunken hatten. Dann wurde es eine angesagte Disco.
C/ Nou de Sant Francesc, 5 (Ciutat Vella), www.macarenaclub.com, Metro: Liceu, So–Do 24–5, Fr/Sa 24–6 Uhr

Wenn die Nacht beginnt

Erst ab 2 oder so
Magic ☼ Karte 2, F 4
Bis etwa Mitternacht ist das Publikum mit etwa 40–45 Jahren genauso alt wie die Musik. Erst, wenn die jüngere Generation so gegen zwei, halb drei auftaucht, werden die Rocktitel aktueller und lauter.

Passeig de Picasso, 40 (Ribera), www.magic-club.net, Metro: Jaume I und Barceloneta, Do–Sa 11–6 Uhr

Funk, Soul, Latin
Marula Café ☼ Karte 2, B 4
Ein junger Club in der Altstadt mit großer Tanzfläche und gutem Programm. Auf der Tanzfläche haben 400 Gäste Platz. Es legen lokale und nationale/internationale DJs auf.

C/ Escudellers, 49 (Ciutat Vella), www.marulacafe.com, Metro: Liceu, tgl. 23–5 Uhr

Techno
Moog ☼ Karte 2, A 4
In-Disco in der Altstadt. Techno und Electric bringen die Gäste auf der kleinen Tanzfläche schnell in Bewegung. Eine Etage höher geht es etwas ruhiger zu.

C/ Arc del Teatre, 3 (El Raval), www.masimas.com/moog, Metro: Drassanes, tgl. 24–5 Uhr

Gut, dass beim Club Dancing die Arme oft hochgenommen werden.

Fünf auf einen Streich
Razzmatazz ☼ K 5
Fünf Clubs in einem Gebäude. Alle möglichen Musikstile machen das Haus zu einer der angesagtesten Adressen im nächtlichen Barcelona.

C/ Almogàvers, 122 (Poblenou) und um die Ecke Pamplona, 88, www.salarazzmatazz.com, Metro: Marina, Fr/Sa 24–6 Uhr

---

NICHT VERPASSEN!

Gran Teatre del Liceu ☼ Karte 2, A 3
Das große Opernhaus wurde 1994 durch ein Feuer bis auf die Grundmauern zerstört. Das kulturelle Wahrzeichen der Stadt konnte aber schon fünf Jahre später wiedereröffnen. Lange schon bildet die Musik Richard Wagners einen deutlichen Programmschwerpunkt des Hauses, das auch eine traditionelle Ballettbühne ist.

La Rambla, 51–59 (Ciutat Vella), T 934 85 99 00, www.liceubarcelona.cat, Metro: Liceu

Mercat de les Flors ☼ C 5
Der für die Weltausstellung 1929 errichtete Pavillon und spätere Blumenmarkt bietet mit seiner eindrucksvollen Architektur eine stets gut besuchte Bühne für Tanz und Bewegungskunst. Hier lassen sich Abende genießen, die keine spanisch-katalanischen Sprachkenntnisse voraussetzen.

C/ Lleida, 59 (Poble Sec/Montjuïc), T 932 56 26 00, www.mercatflors.cat, Metro: Poble Sec

Teatre Grec ☼ C 6
Die Nachbildung eines griechischen Amphitheaters am Montjuïc ist in den Sommermonaten eine der schönsten Bühnen der Stadt.

Pg. de Santa Madrona, s/n (Montjuïc), www.bcn.es/grec, Metro: Poble Sec

Hin & weg

ANKUNFT

... mit Bahn und Bus
Nach Ihrer Ankunft in Barcelona finden Sie durch die innerstädtische Lage des Fernbahnhofs Sants und des Busbahnhofs Estación de Autobuses Barcelona Nord mühelos die gewünschte Anschlussverbindung. Metro und Busse bedienen ein engmaschiges Netz an Haltestellen und bringen Sie schnell ans Ziel.

... mit dem Auto
Ein Stellplatz im Parkhaus kostet in Barcelona mit ca. 30 €/Nacht genauso viel wie das Zimmer in einer Pension. Es spricht auch sonst nicht viel dafür, mit dem Auto nach Barcelona zu fahren. Wenn es sich aber doch nicht vermeiden lässt, fragen Sie nach Hotelparkplätzen oder stellen Sie Ihr Auto auf einem der P+R-Parkplätze außerhalb des Zentrums ab (Stellplatz ab 40 €/Woche, www.car-parking.eu/spain/barcelona/pr).

... mit dem Flugzeug
Der Flughafen Barcelona-Prat de Llobregat (📖 Karte 5, www.barcelona-airport.com) liegt ca. 10 km südlich des Stadtzentrums. Ein Shuttlebus verbindet Terminal 1 mit Terminal 2 und braucht dafür ca. 10 Min.
Für den Transfer ins Stadtzentrum (Plaça de Catalunya) hat sich der **Aerobus** bewährt. Er ist deutlich schneller und nur unwesentlich teurer als Metro und Regionalzug. Der Aerobus startet an Terminal 1 und 2 alle 10 Min., tgl. 5.35–1, von Plaça de Catalunya aus 5.30–0.30 Uhr; in den Kernzeiten von/zu Terminal 1 alle 5 Min. (einfach 5,90 €, hin und zurück 10,20 €). Die Linie A1 bedient Terminal 1, die Linie A2 fährt zu/von Terminal 2 (www.aerobusbcn.com/de).
Die **Metro-Linie L9** fährt von beiden Terminals in die Innenstadt (mit Umsteigen ca. 40 Min., 4,50 € einfach) bis Plaça de Catalunya.
Der **Nahverkehrszug R2** startet am Terminal 2 tgl. zwischen 5.42 und 23.38 Uhr Richtung Innenstadt (Passeig de Gràcia), umgekehrt tgl. 5.13–23.14 Uhr (einfach 3,80 €). Am Flughafen gibt es Hinweisschilder zur Zuglinie R2.

Kleinere Metrostationen sind übersichtlich und unkompliziert. Bei großen Stationen wie Catalunya sollten Sie im Gedränge auf Ihre Wertsachen achten.

Hin & weg

Der **Stadtbus Linie 46** startet an Terminal 1 und 2 und fährt tgl. zwischen 5.30 und 23.50 Uhr bis zur Plaça d'Espanya (ca. 35 Min., einfach 2 €, aber viel mehr Haltestellen als Aerobus). Hier können Sie problemlos (außer bei großen Gepäckmengen, kleinen Kindern) in die nächste Metro umsteigen, die Sie dann in die Nähe Ihres Hotels bringt. Das Ganze kostet einen Streifen der T10-Karte, sprich aktuell 99,5 Cent. Mit dem **Taxi** brauchen Sie vom Flughafen zur Plaça de Catalunya 15–20 Min., bei starkem Verkehr auch bis zu 40 Min. (einfach ca. 30 € inkl. Gepäckzuschlag; Abend-/Nachtfahrten teurer).

Gepäckaufbewahrung
Gleich neben der zentralen Plaça de Catalunya, dem Ankunftsort vieler Fluggäste, gibt es in der Carrer d'Estruc, 36 (📖 F 5) eine preiswerte und sichere Möglichkeit zur Gepäckaufbewahrung: www.lockerbarcelona.com

INFORMATIONEN

Zentrale und größte Infostelle: Centre d'Informació Turisme de Barcelona (📖 F 5): Plaça de Catalunya, 17-S (unterirdisch), kein Telefon, www.barcelonaturisme.cat, Metro: Catalunya, tgl. 8.30–21 Uhr, auch Ticketverkauf u. a. für Bus Turístic, Barcelona Card, Stadtführungen, Zugang zur Onlinebestellung von Veranstaltungs- und Eintrittskarten. Weitere Infocounters gibt es an der Plaça de Sant Jaume, im Flughafen Terminal 1 und 2 sowie im Bahnhof Sants.

www.bcn.cat: Website der Stadtverwaltung, umfassend und übersichtlich gestaltet, ausgezeichnetes Kartenmaterial (Katalanisch, Spanisch und Englisch)
www.tmb.net: Mehrsprachiges Verzeichnis der öffentlichen Verkehrsmittel in Barcelona (Linienpläne, Zeiten etc.)
www.barcelona.de: Website in deutscher Sprache mit guter Suchfunktion für Billigflüge, außerdem brauchbare Veranstaltungsvorschau

---

LESENSWERT

Die Aufsatzsammlung **Barcelona: Avantgarde im Norden des Südens** ist für Kenner wie für Kennenlerner der Stadt eine gewinnbringende Lektüre: unabhängig vom Tagesgeschehen konzipiert und toll geschrieben.
Corso, Hamburg 2011

Barcelona Card
Die Barcelona Card schließt die freie Nutzung öffentlicher Verkehrsmittel und städtischer Museen ein. Dazu kommen einige Ermäßigungen für Freizeiteinrichtungen und Lokale. Die Karte kostet für 2 Tage als ›Barcelona Card Express‹ 20 € (online 18 €), keine Ermäßigungen für Kinder; für 3 Tage 45 € (online 40,50 €), für Kinder 21 € (18,90 €) und für 5 Tage 60 € (online 54 €), Kinder 32 € (28,80 €).

REISEN MIT HANDICAP

Die Touristeninformation pflegt folgenden Online-Guide für Rollstuhlfahrer: **www.barcelona-access.com** (auch in Englisch und Französisch). In Deutsch ist die Seite **www.barcelona.de/de/barcelona-barrierefrei-behinderte-rollstuhl.html** hilfreich.

TICKETS ONLINE

Sie möchten beim Besuch von Sehenswürdigkeiten, großen Museen und begehrten Veranstaltungen vermeiden, halbe Urlaubstage vor den Ticketkassen Schlange zu stehen? Buchen Sie Ihre Eintrittskarten online auf den entsprechenden Homepages oder über **http://bcnshop.barcelonaturisme.com** (oftmals kommen Sie so sogar in den Genuss von Nachlässen gegenüber den offiziellen Verkaufspreisen).

Hin & weg

SICHERHEIT UND NOTFÄLLE

Bei den großen Menschenmengen, die sich tagsüber auf den Rambles bewegen, ist Taschendiebstahl nicht selten. Nach Polizeiberichten wurden in Barcelona 2014 pro Woche ca. 400 iPhones gestohlen. Sie sollten insbesondere dort Handtaschen eng am Körper tragen und festhalten, wo es eng wird. Neben den Rambles sind dies die Metros und Metrorolltreppen, in den Gassen des Gotischen Viertels, beim Schlangestehen in Selbstbedienungsrestaurants. Alleinreisende sollten bei Dunkelheit die hafennahen Gebiete der Altstadt, vor allem im Raval, meiden.

Wichtige Notrufnummern
Feuerwehr: T 080
Notruf (Unfallrettung): T 112
Ambulanz: T 061
Polizei: La Rambla, 43 (Ciutat Vella), T 932 562 430, Metro: Liceu
ADAC: Notrufdienst in Barcelona (dt.) mobil (+49) 89 22 22 22 (24 Std.)
Sperren von Giro- und Kreditkarten: T (+49) 11 61 16

UMWELTFREUNDLICH UNTERWEGS

... mit der Metro
Die Metro verkehrt So–Do 5–24, Fr und vor Feiertagen bis 2 Uhr, Sa die ganze Nacht durch. Tickets gibt es an den Schaltern und Automaten der Metrostationen, Mehrtageskarten auch in den Büros der Touristeninformation. Eine Fahrt mit der Metro oder dem Bus kostet 2,15 €, die 10er-Karte 9,95 €, die 2-Tages-Karte »Hola BCN! 2« 14 €, 3-Tages-Karte »Hola BCN! 3« 20,50 €.

... mit dem Bus
Die Busse verkehren i. d. R. zwischen 6 und 22.30 Uhr. Der **Nitbús** bedient zwischen 23 und 4 Uhr ein grobmaschiges Netz von städtischen Haltestellen.

... mit dem Fahrrad
Bei dem Fahrradboom, den Barcelona in den letzten Jahren erlebt, ist das Angebot an Leihrädern groß und unübersichtlich. Klarheit mit entsprechenden Adressen, Angeboten und Preisen bringt die Touristinfo (www.barcelonaturisme.com). Die übliche Leihgebühr für 4 Std./Tag liegt bei etwa 10–12 €. Gute Erfahrungen habe ich gemacht mit **Un Cotxe Menys** (›Ein Auto weniger‹), Espartaria, 3 (Ribera, ⌨ Karte 2, E 4), T 932 68 21 05, www.biketoursbarcelona.com. Immer mehr Hotels kooperieren mit Fahrradverleihern, was es den Gästen ermöglicht, Leihräder im Hotel entgegenzunehmen und wieder abzugeben.

... mit dem Taxi
Bei einem ADAC-Test in ganz Europa schnitten Barcelonas Taxis hinsichtlich Preisen, Fahrzeugen und Routentreue am besten ab. In der Innenstadt genügt es, per Handzeichen auf sich aufmerksam zu machen. Grundpreis 2,10 €, in der Innenstadt 1,10 €/km (nachts plus 15%).
Ruftaxis: z. B. Barna Taxi, T 935 51 93 68, 933 00 23 14, www.taxibarcelona.cat (auch auf Englisch).

... mit der Tram
Tram T1, T2 und T3 verkehren in den äußeren Stadtgebieten südöstlich des Eixample, Linien T4, T5 und T6 in den Stadtteilen hinter dem neuen Stadtstrand. Es gelten die gleichen Tickets wie in Metro und Bus. **Tramvia Blau** heißt ein historischer Straßenbahnwagen, der an Lissabon erinnert. Er tuckert den steilen Anstieg zwischen der Plaça J. F. Kennedy und der Talstation der Tibidabo-Seilbahn (s. u.) hinauf.

... mit Drahtseil- und Gondelbahn
Die spektakulärsten Transportmittel Barcelonas bringen ihre Fahrgäste auf die Stadtberge Montjuïc und Tibidabo. Die Gondelbahn **Teleférico del Puerto** startet am Torre de Sant Sebastià, schwebt über den alten Hafen und landet auf dem Montjuïc am Aussichtspunkt Miramar (11 €, hin/zurück 16,50 €, www.telefericodebarcelona.com).
Die **Funicular de Montjuïc** (Zugseilbahn) schafft vom Paral.lel aus eine bequeme Verbindung auf den Montjuïc, ganz in die Nähe der Fundació Miró. Hier gilt das Metro-Ticket. Oben gibt es noch die Drahtseilbahn **Teleferico**

Hin & weg

Bikes boomen in Barcelona: Leihen Sie sich eins, und ab geht die Post …

Montjuïc. Sie fährt ganz hinauf zur Festung. Der **Teleférico Tibidabo** hat seine Talstation an der Plaça Doctor Andreu. Die – häufig wechselnden – Öffnungszeiten des Vergnügungsparks am Tibidabo korrespondieren mit den Fahrzeiten der Drahtseilbahn (www.tibidabo.es).

STADTRUNDFAHRTEN & FÜHRUNGEN

Bus Turístic: Tägliche Rundfahrten bieten eine praktische Möglichkeit, die wichtigsten Sehenswürdigkeiten der Stadt zu erleben. Eine blaue und eine rote Linie fahren Mo–Fr 8.30–20.30, Sa 9–19, So/Fei 9–14 Uhr, außer 1. Jan. und 25. Dez. alle 5–25 Min. Abfahrt: Plaça de Catalunya. Sie können an allen Sehenswürdigkeiten aus- und zusteigen. Kreuzpunkte erlauben auch einen Wechsel von der blauen in die rote Linie. Eine dritte, grüne Linie (18. März–6. Nov.) startet am Port Olímpic und fährt einen Rundkurs an der Strandpromenade. Tickets im Bus. Im Herbst 2016 lagen die Preise bei 28 € für 1 Tag (Kinder 4–12 Jahre 16 €), Rabatt bei Online-Buchungen. Achtung: Während der Saison sollten Sie sich an den Haltestellen der Sehenswürdigkeiten auf lange Warteschlangen einstellen.

Barcelona City Tour: Große Nachfrage machte den Einsatz dieses privaten Anbieters nötig, der mit roten Doppeldeckerbussen dieselben Routen zu gleichen Zeiten und Konditionen bedient.

Golondrinas: Die beliebten kleinen Schiffe unternehmen 40-minütige Fahrten durch den Alten Stadthafen (Start: Kolumbussäule), Erw. 7,40 €, Kinder 2,80 €. Große Hafenrundfahrten (1,5 Std.): Erw. 15 €, Kinder 5,50 €. Alle Rundfahrten tgl. ab 11.30 Uhr, www.lasgolondrinas.com

Freetours: Junge Einheimische, oftmals Studenten, bieten Stadt- und Themenführungen an. Diese Führungen sind kostenlos. Bei Gefallen geben die Teilnehmer eine Spende, die sie für angemessen halten. Näheres auf http://freewalkingtoursbarcelona.com/en/

Themenführungen: Die Touristinfo bietet interessante mehrsprachige Führungen an zu Themen wie Gotisches Viertel, Picasso, Modernisme (16–26 €, ca. 2 Std.). Dabei hat sich das Themenspektrum inzwischen so ausgeweitet, dass Sie am besten nachsehen, was Sie am meisten interessiert: www.barcelonaturisme.cat, Stichwort ›Walking Tours‹.

O-Ton Barcelona

EM DIC ...

Ich heiße ...

Bon dia!

Guten Tag!

Això, què val?

Was kostet das?

A reveure!

Auf Wiedersehen!

M'encanta Barcelona!

Ich liebe Barcelona!

FOTEM UN CAFÉ?

Lust auf einen Kaffee?

SI US PLAU

Bitte

GRÀCIES

Danke

Gran!

Toll!

Merde!

Scheiße!

Molta merde!

Viel Glück!

Register

A
Abellán, Carles 38, 93
Absinth 68
Accessoires 103
Ada 57
Adrià, Ferran und Albert 68, 92, 99
Aerobus 110
Aire de Barcelona 84
Ajuntament 34
Alexis Fasoli 103
Alibri Llibreria 99
Amatller, Antoni 52
Ankunft 110
Anna Povo 42, 43
Antic Hospital Santa Creu 64
Antigua Casa Figueras 20
Antilla BCN Latin Club 104, 107
Antonio Miro 101
Arc Iris 91
Arena Classic 108
Arena Madre 108
Arenas Shopping 101
Arena VIP 108
Arribas, Alfredo 83
Articket 80
Ascaso, Francisco 73
Ausgehen 104

B
Baluard 36, 37, 87
Banys Orientals 88
Barcelona Card 111
Barcelona City Tour 113
Barceloneta 5, 7, 10, 11, 35, 37
Bar Celta Pulperia 46
Bar del Covent 46, 84
Bar del Pi 91
Bar Marsella 68
Bar Pastís 105
Basílica de Santa Maria del Pi 27
Batlló i Casanova, Josep 53
Bayén, Joan (Juanito) 120
BD Barcelona Design 82
BD Ediciones 52
Behinderte 111
Bilbao Berria 31, 32
Biocenter 63, 65, 91
Boadas 105
Bodega 1900 68, 92
Bodega Saltó 104
Bonet, Maria del Mar 120
Bonet, Pep 83
Bon Vent 100

Boqueria-Markt 20, 100
Born, El 5, 10, 39, 98
Born-Kulturzentrum 43
Bosc de les Fades 36, 38
Botero, Fernando 64
Brühl, Daniel 57
Bubo Born 42
Bücher 99
Bulevard dels Antiquaris 100
Busse 4, 110, 112
Bus Turístic 4, 49, 111, 113

C
Cacao Sampaka 99
Caelum 27, 28
Cafè 1902 50
Café de les Delicies 65
Café de l'Òpera 96
Café del Sol 57
Café Kafka 42
Café Royale 106
Cafè Silenus 91
Café Vienés 95
Café Zürich 95
CaixaForum 11, 70, 72
Cala del Vermut 104
Cal Pep 42
Camino Born 102
Camper 63, 87, 103
Camping Barcelona 89
Camp Nou 55, 76
Can Maño 36, 37
Can Vila 23
Carpe Diem Lounge Club 36, 38
Carrer del Rec 43
Carrer Montcada 10
Carrer Portaferrissa 29
Carretero, Julio 45
Casa Almirall 68
Casa Amatller 52, 54
Casa Amirall 67
Casa Batlló 13, 53, 54, 104
Casa Camper 87
Casa de l'Ardiaca 31
Casa de les Punxes 82
Casa Gràcia 89
Casa Larrard 61
Casa Leopoldo 23
Casa Lleó Morera 52, 54
Casa Mila s. La Pedrera
Casa Museu Gaudí 60, 61
Casas, Ramón 73
Casa Vicens 57, 58
CASI 60
Castellano 6
Castell de Montjuïc 72, 73
Català 6, 82
Cava 106

Celta Pulperia 45
Cementiri de Montjuïc 73, 75
Centre d'Art Santa Mònica 36
Centre de Cultura Contemporània de Barcelona (CCCB) 63, 65
Centre d'Informació Turisme de Barcelona 111
Cereria Subirà 32, 33, 34
Cerveceria Catalana 92
Cheriff 95
chic&basic 86, 87
Chiringuito de Dios 65
Churrería Granja Ruz 96
Cinemes Verdi Park 108
Ciutadella-Park 5, 84, 108
Ciutat Vella 10
Cobi 120
Colau, Ada 7, 34, 120
Col.legi d'Arquitectes 31
Companys, Lluís 34, 70, 73
CONCRET BCN 101
Contador de la vergüenza (›Zähler der Schande‹) 38, 83
Convent dels Àngels 63
Convent de Sant Agustí 5, 45, 46
Copito de Nieve 120
Coquette 43
COSHOP 102
CosmoCaixa Museo de la Ciencia 78, 80
Cuines Santa Caterina 46, 47
Curtidos pinós 64, 65
Custo Barcelona 102

D
Delgado Fritz, Yessica 87, 120
Delikatessen 99
Design 100
Desigual 102
Diseny Barcelonès 6
Domènech i Girbau, Lluís 7
Domènech i Montaner, Lluís 7, 48, 50, 52, 81, 82
Drassanes 11, 35
Dulcinea 27, 29
Durruti, Buenaventura 64, 73, 120

E
Eat with 95
Eclipse 36, 37
Einkaufen 98

Register

Eixample 11
El Bar del Convent de Sant Agustí 46, 84
El Born – Centre Cultural 42, 43
Elche 95
El Corte Inglès 101
El Glop 96
Elisabets 63, 65
El Jardí 88
El Mercadillo 27, 29
El Merendero de la Marí 93
El Molino 67
El Rei de la Màgia 45, 46
El Rincon del Cava 92
Els Pescadors 94
Els Quatre Gats 105
El Velódromo 93
El Xampanyet 41, 42
Encants 100
En Comú 34
En Ville 63, 65
Enzensberger, Hans Magnus 64
Equity Point 86
Escola Massana 64
Escribà, Antoni 20
Espadrilles 103
Espai [b] 57, 58
Espai Barroc 41, 42
Espai Mescladís 45, 46
Espaisucre 45, 46
Euskal Etxea 41, 42

F
Faborit 52, 54
FC Barcelona 9, 34, 40, 76
FC Botiga 77
Fiesta Mayor de Gràcia 56
Filmoteca de Catalunya 65, 108
Flamenco 29, 67, 106, 107
Flash-Flash 97
Flohmärkte 99
fnac 77, 99
Font Màgica 69, 72
Formatgeria La Seu 32, 34
Forn de Pa i Cafeteria Puiggros 92
Fossar de les Moreres 41
Fragments Cafe 95
Freetours 113
Freixes, Dani 83
Führungen 113
Fundació Antoni Tàpies 54
Fundació la Caixa 70
Fundació Joan Miró 74, 80

Fundació Antoni Tàpies 53, 80
Funicular de Montjuïc 4, 73, 112

G
Gaudí, Antoni 13, 26, 32, 37, 48, 49, 50, 51, 52, 53, 54, 55, 58, 59, 60, 61, 64, 75, 79, 81, 82, 83, 87, 104, 120
Gay 108
Gehry, Frank L. 38
Generalitat 32, 34
Generator Barcelona 89
Gepäckaufbewahrung 111
Geschenke 100
Gin 106
Gitarre 29, 47, 107
Golondrinas 113
Gondelbahnen 112
Gràcia 10, 11, 56
Granja M Viader 91
Granjas 29
Gran Teatre del Liceu 81, 109
Güell, Eusebi 59, 61, 79
Guzzo Club 108

H
Harlem Jazz Club 106
Hemingway, Ernest 68
Herboristeria del Rei 26, 27
Hoja Santa 68
Horn, Rebecca 38
Hospital de la Santa Creu i Sant Pau 82
Hospital Sant Pau (Sant Pau Recinte Modernista) 50
Hostal Girona 88
Hotel Jazz 88
Hotel W Barcelona 37

I
Informationsquellen 111
Inout-Hostel Barcelona 89

J
Jamboree 26, 27
Jamón Experience 24
Jardí Botanic 73
Jardins de Joan Maragall 71
Jardins del Teatre Grec 73
Jazz 26, 47, 55, 67, 78, 105, 106, 107
Jazz Si Club 67, 68
José Rivero 57, 58
Juanito (Joan Bayén) 21, 120

Juanra Falces 105
Jüdisches Viertel 28

K
Kaffee 94
Kafka 43
Karma 26, 27, 108
Kathedrale La Seu 31, 32
Kino 108
Kochen 24
Kokua 26, 27
Kolumbussäule 36, 37
Kosmetik 101
Kreditkarten 8
Kreuzgänge 84
Kurioses 100

L
La Campana 45, 46
La Capell 31, 32
La Caseta del Migdia 72
La Central 54
La Central del Raval 63, 65
La Cova Fumada 36, 37
La Granja 91
La Guingueta de la Barceloneta 36, 38
Laie 91
La Llavor dels Orígens 42, 43
La Manual Alpargatera 32, 34, 103
L'Antic Teatre 44, 46, 47
La Pallaresa 27, 29
La Paradeta 94
La Paradeta Sagrada Família 50
La Pedrera (Casa Mila) 54, 55, 104
La Plata 92
La Pubilla 57
L'Arca 101
La Terrrazza 108
La Virreina – Centre de la Imagen 79
Lebensmittel 99
Les Corts 95
Les Topettes 103
Le Swing 43
Liceu, Opernhaus 81, 109
Lichtenstein, Roy 37
L'illa 101
Livemusik 106
Llull, Ramón 82
Lo de Flor 97
Los Caracoles 26, 27
Los Tarantos 107
Lost & Found Market 100
Los Toreros 93

Register

Lush Cosmetics 103
Luz de Gas 106

M
Macarena 108
Magic 109
Mamacafé Restaurant 91
Marcos 23
Marina Folch 89
Mariscal, Javier 37, 83, 120
Märkte 23, 99
Marula Café 109
Meier, Richard 63
Meller, Raquel 67
Mendoza, Eduardo 58
Meneghina 92
Mercat de la Barceloneta 23
Mercat de la Llibertat 23, 57
Mercat del Born 21
Mercat de les Flors 72, 109
Mercat de Llibertat 100
Mercat de Santa Caterina 23, 44, 45, 46, 100
Mercat de Sant Antoni 5, 23, 99
Mercer Barcelona 87
Mesón del Café 32, 34
Metro 4, 110, 112
Milano Cocktail-Bar 105
Milk 95
Millet, Lluís 47, 81
Mirablau 105
Miramelindo 42, 43, 105
Miró, Joan 24, 73
Miró-Stiftung (Fundació Joan Miró) 11, 74
Modart 57, 58
Mode 101
Modernisme 7, 11, 48, 51, 52, 70, 79, 81, 82, 91, 113, 120
Mojitos 26, 105
Moll de la Fusta 37
Mönchssittiche 84
Montjuïc 4, 5, 11, 13, 49, 69, 71
Moog 109
Mordisco 97
MUHBA El Call 27, 28
Múrria 99
Museu d'Art Contemporani 11, 80
Museu d'Art Contemporani de Barcelona (MACBA) 63, 65
Museu de Cultures del Món 78
Museu de la Xocolata 45, 46

Museu del Disseny de Barcelona 78, 83
Museu del Futbol Club Barcelona 77
Museu del Modernisme Barcelona 52, 54, 82
Museu d'Historia de Catalunya 36, 37
Museu d'Historia de la Ciutat 32, 33
Museu d'Idees i Invents de Barcelona (MIBA) 79
Museu Europeu d'Art Modern (MEAM) 78, 80
Museu Frederic Marès 32, 33, 81, 84
Museu Marítim 35, 36, 84
Museums-Cafés 96
Museu Nacional d'Art de Catalunya 80
Museu Nacional d'Art de Catalunya (MNAC) 70, 72
Museu Picasso 10, 39, 42, 80
Música als Parcs 85
Musik 99

N
Nationalpalast 11, 70
Nitbús 112
Nits d'Estiu 104
Notfälle 112
Nouvel, Jean 83
Nu Sabates 103

O
Olimpíada Popular 70
Olokuti 57, 58
Olympiastadion 71
Olympische Spiele 6, 14, 35, 70
Oper 81, 109
Orfeó Català 47, 81
Oriol Balaguer 99
Orsom 106

P
Pakta 68
Palau Baró de Quadras 82
Palau de la Música Catalana 5, 10, 46, 47, 81, 107
Palau Güell 79, 104
Palau Nacional 11, 70
Palau Robert 79
Palo Alto 83
Palo Alto Market 100
Parc de la Ciutadella 5, 84, 108

Park Güell 11, 59, 60
Parròquia de la Puríssima Concepció 55
Parròquia de Santa Anna 27, 29
Pastelería Escribà 20
Pastelería Hofmann 42, 43
Pavelló Mies van der Rohe 70, 72
Pensió 2000 89
Pepe Carvalho 21, 22
Petits Encants 100
Picasso, Pablo 31, 39, 75, 105, 113
Pilma 101
Pinotxo 21, 22
Pipa Club 106
Pis de la Pedrera 55
Plaça de la Concòrdia 10
Plaça de la Universitat 52
Plaça de la Virreina 58
Plaça de Sant Agustí Vell 44, 45
Plaça de Sant Felip Neri 5, 32
Plaça de Sant Jaume 34
Plaça de Sant Josep Oriol 29
Plaça del Diamant 58
Plaça del Pi 5, 26, 29
Plaça del Rei 5, 10, 33
Plaça del Sol 57
Plaça Nova 31
Plaça Reial 5, 10, 25, 26, 81
Plaça Sant Jaume 10
Plaça Urquinaona 9
Platja de Sant Sebastià 38
Plätze 26
Poble Espanyol 70, 72, 107
Poblenou 5, 10, 83
Poblenou Bed & Breakfast 88
Poble Sec 73
Portal de l'Angel 9
Praktik Bakery 86, 87
Praktik-Hotels 86
Prats, Joan 75
Puigdemont, Carles 34
Puig i Cadafalch, Josep 52, 70, 81, 82

Q
Quatre Gats 40
Quim de la Boqueria 22
Quinze Nits 26, 27

R
Radfahren 5, 73, 112
Rambla del Mar 37
Rambles 4

Register

Raval, El 11, 23, 62
Razzmatazz 109
Refugi 307 67, 68
Reial Monestir Santa Maria de Pedralbes 79, 85
Reisen mit Handicap 111
Renaixença 81
Restaurants 90
Ribera, La 5, 10
Rita Blue 105
Robadors 107
Rodoreda, Mercè 58
Rohe, Mies van der 70
Roig, Montserrat 73
Rooftop-Bars 86, 104
Room Service Design 101
Rubi Bar 106

S
Sagarra, Josep M. de 23
Sagrada Família 4, 11, 30, 48
Sala Apolo 66, 67, 68
Sala Ciutat 32, 34, 99
Salambó 57, 58
Sala Parés 27, 29, 40
Salsa 104
Sánchez Piñol, Albert 41
Santa Ana 85, 107
Sant Agustí 88
Santa Maria del Mar 10, 30, 41, 42
Santa Maria del Pi 29, 107
Sant Felip Neri 32
Sant Pau del Camp 65, 85
Schilling 26, 27, 105
Schokoladenmuseum 45, 46
Schuhe 103
Seilbahnen 71, 73, 112
Sert, Josep Lluis 74
Setba 26, 27
Set Portes 94
Sicherheit 112
Sidecar 26, 27
Sinagoga Major 27, 28
Skybar 46, 47

Sombrereria Obach 27, 28
Stadthafen, Alter 11, 35
Stadtrundfahrten 113
Stierkampf 6, 93, 101
Strände 11, 38
Straßenmusik 28
Striebinger, Wolfgang 64
Subirachs, Josep Maria 49
SusiSweetDress 100
Swing 58, 104, 108

T
Tablao de Carmen 107
Taimo 54
Tapas 17, 20, 21, 31, 41, 66, 90, 92
Tàpies, Antoni 53
Tarradellas, Josep 34
Taschen 103
Taverna Basca Irati 92
Taverna del Suculent 64
Taverna el Glop 96
Taxi 112
Teatre Grec 109
Teatre Victòria 66, 67
Teleférico del Puerto 71, 112
Teleferico Montjuïc 112
Teleférico Tibidabo 113
Teresa Carles 92
The 5 Rooms 87
Themenführungen 113
The only fish in the sea 36, 37, 101
Thyssen-Bornemisza-Sammlung 70, 80
Tibidabo 4, 13, 71
Tickets, Tapas-Bar 66, 67, 68
Tickets online 111
Tienda de Flamenco Flora Albaicín 27, 29
Torre Agbar 83
Tourist-Information 111
Tragaluz 96
Trait Store 102
Tram 112

Tramvia Blau 112
Trias, Carme 58
Trinkgeld 92
Turó de la Rovira/Bunkers del Carmel 60, 61
Tusquets, Oscar 7, 83
Twentytú Hi-Tech Hostel 89
Twothirds 43

U
Übernachtung 8, 86
Un Cotxe Menys 112
Universitat de Barcelona 52, 54

V
Vaho 103
Vázquez Montalbán, Manuel 21, 22, 120
Via Laietana 10
Vila Viniteca 99
Virreina 57, 58
Vives, Amadeu 47, 81

W
Weltausstellung 70
Wermut 104

X
Xampanyeria Can Paixano 106
Xemei 72
Xiringuito Escribà 21, 36, 38
Xixbar 106
Xurreria 96
Xurreria Laietana 96
Xurrerias 4, 96
Xurros 4, 96

Z
Zara 102
Zauberbühne 45, 46
Zentrum für Katalanisches Kunsthandwerk 27, 28
Züge 110

Das Klima im Blick
Reisen bereichert und verbindet Menschen und Kulturen. Wer reist, erzeugt auch CO_2. Der Flugverkehr trägt mit bis zu 10 % zur globalen Erwärmung bei. Wer das Klima schützen will, sollte sich – wenn möglich – für eine schonendere Reiseform entscheiden oder die Projekte von atmosfair unterstützen. Flugpassagiere spenden einen kilometerabhängigen Beitrag für die von ihnen verursachten Emissionen und finanzieren damit Projekte in Entwicklungsländern, die dort den Ausstoß von Klimagasen verringern helfen (www.atmosfair.de). Auch die Mitarbeiter des DuMont Reiseverlags fliegen mit atmosfair!

Abbildungsnachweis

Helmuth Bischoff, Heidelberg: S. 5
Fotolia, New York: S. 47 (malajscy), 83 (nito)
Getty Images, München: S. 120/6 (Abreu); 48 (Atlantide Phototravel); 44, 56 (Debat); 107 (Duaso); 49 (Fuste Raga); 7 (Iacomino); 43, 109 (Lonely Planet); Titelbild (Sanz); 59 (Stone/Greuel)
Glow Images, München: S. 120/2 (Heritage Images RM); 120/5 (Superstock RM)
Huber, Garmisch-Partenkirchen: S. 93 (Serrano); 12/13 (Vacarel)
iStockphoto, Calgary: S. 8/9 (Aleshin); 20 (Bruychanov); 14/15 (Maccarini)
Laif, Köln: S. 113 (Alvarez/Invision); 25 (hemis.fr/Gardel); 29, 88 (hemis.fr/Maisant); 35, 64, Umschlagklappe hinten (Heuer); 90 (Hub); 30, 62, 97, 120/3, 120/1 (Knechtel); 74 (Le Figaro Magazine/Martin); 104 (Rigaud); 104 (Siemers)
Look, München: S. 51 (Fleisher); 71, 98 (Stumpe)
Mauritius, Mittenwald: S. 110 (age/Campillo); 34 (Alamy/Behnke); 120/4 (Alamy/Camí); 107 (Alamy/duaso); 45 (Alamy/Endless Travel); 120/7 (Alamy/Etchart); 33 (Alamy/Fores/Roncero); 61 (Alamy/Guest); 26 (Alamy/Hill); 16/17, 85 (Alamy/kzpfoto); 28 (Alamy/Milas); 39 (Politi Markovina); 4 o. (Alamy/Soler); 38 (Alamy/Sriskandan); 78/79 (Alamy/Stepan); 87 (Alamy/travelstock44); 66, 76 (Alamy/Vallecillos); 4 u. (Alamy/Wilson); 94 (Copson); 24 (Pixtal); 55 (Sanchez-Pereyra); 69 (Warburton-Lee)
Eliza Pérez Arias, Barcelona: S. 101
Praktik Bakery Hotel, Barcelona: S. 86
Privat, Barcelona: S. 120/8
Institut für Tourismus in Spanien (TURESPAÑA), Frankfurt a. M.: S. 23 (Raurich); 37, 40, 53, 73, 80, 102
Wikimedia Creative Commons License: S. 120/9 (Koltsov)
Alle Zeichnungen: Gerald Konopik, Fürstenfeldbruck
S. 64 (c) VG Bild-Kunst, Bonn 2016
S. 74 Fundació Joan Miró, Joan Miró, (c) VG Bild-Kunst, Bonn 2016

Kartografie

DuMont Reisekartografie, Fürstenfeldbruck
© DuMont Reiseverlag, Ostfildern

Umschlagfotos
Titelbild: Casa Batlló
Umschlagklappe hinten: Skater am Passeig del Born

Hinweis: Autor und Verlag haben alle Informationen mit größtmöglicher Sorgfalt geprüft. Gleichwohl sind Fehler nicht vollständig auszuschließen. Alle Angaben erfolgen ohne Gewähr. Bitte schreiben Sie uns! Über Ihre Rückmeldung zum Buch und Verbesserungsvorschläge freuen sich Autor und Verlag:
DuMont Reiseverlag, Postfach 3151, 73751 Ostfildern,
info@dumontreise.de, www.dumontreise.de

1. Auflage 2017
© DuMont Reiseverlag, Ostfildern
Alle Rechte vorbehalten
Autor: Helmuth Bischoff
Redaktion/Lektorat: Sebastian Schaffmeister
Grafisches Konzept: Eggers+Diaper, Potsdam
Printed in Poland

Kennen Sie die?

9 von 1,6 Mio. Barcelonesen

Ada Colau
gelangte 2015 aus der Hausbesetzer-Szene auf Barcelonas Bürgermeisterstuhl. Dort zieht sie nun die Notbremse gegenüber Auswüchsen des Massentourismus. Und das ist gut so!

Antoni Gaudí
Wenn Sie eine Biografie des großen Baumeisters, Naturfreundes und Eigenbrötlers lesen, sollten Sie skeptisch sein. Über das Leben des Modernisme-Erfinders ist nur wenig bekannt.

Joan Bayén
Der Mann ist besser als ›Juanito‹ bekannt, sein Zuhause seit Jahrzehnten der Boqueria-Markt, dort der Tapa-Stand Nummer 466. Seine Gäste kommen aus der ganzen Welt.

Manuel Vázquez Montalbán
Als Kommunist wurde er unter Franco verfolgt. Als Autor hat er Barcelona so liebevoll beschrieben wie kein anderer. Und als Gourmet hat er uns gute Tipps gegeben.

Copito de Nieve
Als der einzige Albino-Gorilla und Star des hiesigen Zoos 2003 nach einem langen Affenleben seinen Käfig mit einem Platz im Bananenhimmel tauschte, war ganz Barcelona untröstlich.

Maria del Mar Bonet
Wenn die Galionsfigur der ›Nova Cançó Catalana‹ in den späten 1960er-Jahren mit ihrer Gitarre auf die Bühne trat, sang sie dem unterdrückten Katalonien aus der Seele.

Cobi
war das Maskottchen der Olympischen Sommerspiele 1992 in Barcelona. Den pfiffigen Sympathieträger entwarf der populäre Designer Javier Mariscal.

Yessica Delgado Fritz
Der Deutsch-Spanierin kam ihre Etagenwohnung im Eixample zu groß vor. Als Vorläuferin von Airbnb machte sie mit den ›5 Rooms‹ einfach ein(e) Art Hotel daraus.

Buenaventura Durruti
Als der Sarg des Anarchisten über die Laitena gefahren wurde, nahmen dort Hunderttausende Abschied von einer der zentralen Figuren des Spanischen Bürgerkriegs.